생성형 AI와 여론 전략

인공지능총서

인공지능 시대입니다. 기계가 인간의 인지를 대신하고, 사물이 인간을 통하지 않고 다른 사물과 직접 커뮤니케이션합니다. 이에 따른 인간 삶과 문명 변화를 정확히 이해·예측·대응하는 것은 이 시대 우리 모두의 과제입니다. 인공지능총서는 인공지능 기술과 환경의 여러 주제를 10가지 키워드로 정리합니다. 관련 개념과 이론, 학계와 산업계의 쟁점, 우리 일상의 변화를 다룹니다. 인간과 기술의 현재, 미래를 세심히 분석합니다.

일러두기

- 인명, 작품명, 저서명, 개념어 등은 한글과 함께 괄호 안에 해당 국가의 원어를 병기했습니다.
- 외래어 표기는 현행 어문규정의 외래어표기법을 따랐습니다. 다만 '딥러닝', '딥마인드', '딥페이크' 등은 관행을 따랐습니다.

생성형 AI와 여론 전략

정일권

대한민국, 서울, 커뮤니케이션북스, 2024

생성형 AI와 여론 전략

지은이 정일권
펴낸이 박영률

초판 1쇄 펴낸날 2024년 9월 30일

커뮤니케이션북스(주)
출판 등록 2007년 8월 17일 제313-2007-000166호
02880 서울시 성북구 성북로 5-11
전화(02) 7474 001, 팩스(02) 736 5047
commbooks@commbooks.com
www.commbooks.com

ISBN 979-11-288-6880-1 03500

책값은 뒤표지에 표시되어 있습니다.

차례

AI와 여론의 미래

AI와 더불어 사는 삶

1997년 IBM의 딥블루(Deep Blue)가 세계 체스 챔피언 보리스 카스파로프(Boris Kasparov)를 물리치면서 인공지능(artificial intelligence, AI)이라는 기술이 과학에 무심했던 사람들에게도 알려졌다. 그리고 20년 뒤 구글(Google)의 딥마인드(DeepMind)가 세계 바둑 1위 이세돌을 물리치면서 AI는 보통 사람들의 일상으로 들어갈 준비가 끝났음을 알렸다.

이세돌의 패배를 목격한 지 채 5년이 지나지 않았을 때 사람들은 일상에서 AI를 만났다. 대부분 하루에도 몇 번씩 AI 기술을 적용한 스마트폰으로 검색 서비스를 이용한다. 어떤 이는 인식하지 못할 수도 있으나, 우리는 꽤 오래전부터 매일 AI를 사용하고 있다. 이미 많은 사람이 아마존(Amazon)사의 알렉사(Alexa), 구글사의 어시스턴트(Assistant), 애플(Apple)사의 시리(Siri) 같은 음성 인식 AI를 개인 비서로 활용한다. 아침에 날씨를 묻거나 뉴스를 읽어 달라고 요청하기도 하고, 중요 일정을 놓치지 않기 위해 알람을 설정하기도 한다. 집 밖에서 스마트폰으로 스마트홈 기기를 제어해 자동 청소기, 냉장고, 조명, 난방 장치 등을 조정하기도 한다.

이처럼 AI는 더 편하고, 쉽고, 빠르고, 다양한 삶을 누릴 수 있게 해 준다. 게다가 이를 위해 치러야 하는 비용도 이전보다 적다. 그뿐만이 아니라 AI는 내게 딱 맞는 맞춤형 서비스를 제공한다. 넷플릭스(NetFlix) 등의 스트리밍 서비스 기업은 이용자 개인의 이전 선택을 분석해 개인의 취향을 이해하고, 그에 맞는 콘텐츠를 추천한다. 온라인 쇼핑 플랫폼, 세계 최대의 전자 상거래 기업인 아마존에서도 사용자의 구매 이력과 검색 패턴을 분석해 개인화된 제품을 추천한다.

아직 실용화되지는 않았지만, 자율 주행 자동차는 AI를 통해 주변 환경을 인식하고, 다른 차량이나 보행자, 교통 신호를 인식해 스스로 운전한다. 차도에서 지형과 차량 그리고 보행자에 관한 대량의 실시간 자료를 수집해 자동차의 조향, 가속 및 제동을 제어한다. 이 과정에서 이미지 자료 수집과 분석에 AI 기술이 활용된다.

AI는 개인 차원을 넘어 사회적 차원에서도 도움을 준다. 안면 인식 기술을 활용해 여권 게이트에서 여행자를 식별하기도 하고, 거리에서 수배 중인 범죄자를 포착해

경찰에게 알리기도 한다. 환경 분야에서 AI는 기후 변화 연구, 야생 동물 보호, 에너지 효율성 개선 등에 사용된다. 그리고 기상 데이터를 분석해 재난을 예측하고 지각의 변화를 분석해 지진의 조짐을 포착한 뒤 지진 피해에 대비할 수 있도록 경고하기도 한다.

교육, 법, 의학 등의 전문 영역도 예외가 아니다. 교육 분야에서도 AI가 개인화된 학습 경험을 제공한다. 학습자의 학습 진행률과 이해도를 추적하고 필요한 지원을 분석해 그에 맞는 자료를 제공한다(Fadel, Holmes, & Bialik, 2019/2020).

AI는 법률 사무소의 직원 또는 변호사가 맡아 온 일을 처리할 수 있다. 방대한 양의 소송 관련 문서를 읽고 정리한 후, 어떤 문서들이 심층 분석을 위해 우선 검토해야 하는지를 판단해 전문가에게 전달한다. 또, 정리된 문서를 목록별로 묶어 요약할 수도 있다. 이와 같은 법무 보조인 역할을 넘어 간단한 소송은 변호사처럼 소장이나 변론문을 작성할 수도 있다.

의료 분야에서 AI는 진단, 치료 계획 개발, 임상 시험 등에 이용된다. 구체적으로 AI는 의료 영상 분석, 유전자 분석, 환자의 의료 기록 분석을 할 수 있고, 의료 기록 분석과 의료 영상을 판독해 질병을 조기에 발견하거나 예측할 수 있다. 예를 들어 구글의 딥마인드는 환자의 안구 스캔 이미지를 분석해 황반 변성을 조기에 발견한다. 그리고 IBM의 왓슨(Watson)은 전 세계의 의료 데이터를 분석해 의사의 진단과 치료 계획을 보조한다.

더 놀라운 일은 창작과 전문 스포츠 영역에서도 AI가 기능을 수행한다는 점이다. AI는 데이터를 기반으로 그림을 그리거나 음악을 작곡할 수 있으며, 소설을 쓰거나 프로그래밍 문제를 해결하고, 드론을 조정할 수도 있다.

AI를 이용한 작품이 공모전에 당선되거나 영화제 등에서 수상하기도 했다(김수민 · 백선환, 2023). 2016년에는 AI 벤자민(Benjamin)이 〈선스프링(Sunspring)〉이라는 9분짜리 영화를 제작했는데, 영국에서 열린 공상 과학 영화제 'SF 런던'의 '48시간 내 영화 만들기' 경연 대회에 출품되었다. 뒤를 이어, 2020년 미국 채프먼대학교(Chapman University) 학생 두 명이 GPT-3를 이용해 시나리오 대본을 작성한 뒤 〈방문판매원(Solicitors)〉이라는 영화를 제작했다. 이 시나리오에는 대사는 물론 배우에게 전달할 무대 지시, 영화에 사용할 노래의 가사까지 포함되었다.

한편, 2024년 파리 올림픽에서 양궁 국가대표팀은 이 종목에 걸린 다섯 개의 금메달을 휩쓸었는데, 이런 엄청

난 성과를 낳게 한 원인 중 하나가 AI 기술을 탑재한 로봇 연습 파트너였다고 한다.

기계와 인간을 구분하는 경계선이라던 창작 영역에서도 AI 활약이 두드러지고 있다. 아직은 미약하지만, 여론의 형성과 변화 과정에도 AI가 개입하고 있다. 앞으로 AI는 이 분야에서 활동 영역을 넓힐 것이고, 그 결과 많은 변화가 일어날 것이다.

AI 기술의 발전과 적용 영역의 확장

AI와 더불어 살 미래를 현재의 모습에 맞춰 예상해서는 안 된다. AI로 할 수 있는 일이 늘어나고 있고, 그만큼 적용되는 분야도 확장되고 있다. 우리는 앞으로 더 많은 변화를 목격하게 될 것이다(Jordan, 2019).

인공지능은 세계 인식(패턴 인식, 동영상 이해), 인지 발달(기억 추론), 관계 정립(사회 교류, 유창한 대화), 그리고 사회적 역할 수행(조력과 협력, 감독과 멘토)의 4단계로 발전할 것이다(Fadel et al., 2019/2020). 점점 더 사람과 비슷해지고, 개인적 특성 모방에서 사회적 관계의 모방까지 확장한다. 이런 기술적 발전에 따라서 여론에 대한 AI의 영향력이 증가할 것으로 예상한다.

AI가 여론에 미치게 될 변화와 관련해 두 가지 기술적 발전에 주목할 필요가 있다. 정보의 발굴이 아니라 정보의 분석과 조합으로 새로운 정보를 생성할 수 있는 기술, 그리고 사람처럼 대화할 수 있는 기술이다. 첫 번째 기술을 적용한 것이 생성형 AI이며 두 번째 기술은 대화형 AI에 적용되었다.

두 기술을 이해하기 위해서 우선 AI와 생성형 AI, 챗봇(chatbot), 그리고 챗지피티(ChatGPT)를 구분할 수 있어야 한다. AI는 데이터를 분석하고 패턴을 인식해 인간과 유사한 방식으로 작업을 수행하는 기술 전반을 의미한다.

생성형 AI(generative AI)는 AI의 하위분류로, 기존 데이터나 모델을 기반으로 새롭고 독창적인 콘텐츠(텍스트, 이미지, 음악, 코드 등)를 생성할 수 있는 AI다. 예를 들어, 달리(DALL-E)와 미드저니(Midjourney), 스테이블 디퓨전 엑스엘(Stable-Diffusion XL)은 문장을 입력하면 연관된 이미지를 생성한다. 믹스오디오(MixAudio), 유디오(Udio), 수노(Suno)는 음악을 생성하는 AI다.

대화형 AI(conversational AI)는 인간의 언어를 이해하고 생성하는 기술인 자연어 처리(natural language processing, NLP) 및 생성 기술을 통해 인간처럼 대화를 나눌 수 있는 AI다. 흔히 챗봇(chatbot)이라고 부른다. 대부분 생성형 AI는 대화형 AI 기능을 수행한다. 다만, 대화형 AI의 초기 개발형에는 기존의 데이터를 수집해 새로운 콘텐츠를 생성하는 기능을 갖추지 못한 것이 있는데, 이것도 여전히 챗봇이라고 부른다. 이런 구형 챗봇은 사전에 프로그램된 스크립트로 작성된 응답에서 선택하는 규칙과 핵심어를 사용하거나, 적응형 머신러닝 알고리즘을 사용해 텍스트나 음성 형태로 응답을 만들어 소셜 미디어나 채팅란에 자동으로 게시하게 설계되었다. 고객 서비스, 개인 비서 또는 음성 인식 비서 서비스를 수행하는 AI가 대부분 여기에 속한다. 예를 들면, 아마존의 알렉사, 애플의 시리, 구글의 어시스턴트, 페이스북의 메신저(messenger), 마이크로소프트의 코르타나(Cortana)와 테이(Tay) 등이다.

최근에 개발된 챗봇은 생성형 AI로 미리 수집해 공부한 데이터를 바탕으로 인간과 대화를 할 뿐만 아니라 이용자의 질문도 학습하며 연속적으로 '인간처럼' 대화할 수 있다. 즉, 앞의 대화 내용을 기억하고 이를 활용해 응답할 수 있다. 사용자는 챗봇의 답변에 피드백을 제공할 수 있으며, 이 피드백은 챗봇의 학습 자료로 사용된다. 생성형 AI인 챗봇의 예로는 구글의 바드(Bard)와 제미나이(Gemini), 팜(pathways language model, PaLM),

그리고 오픈에이아이(OpenAI)의 챗지피티가 있다.

2022년 12월 1일에 공개된 챗지피티는 대규모 언어 모델(large language model, LLM)을 기반으로 방대한 양의 데이터를 미리 학습한 뒤 새로운 텍스트를 생성하는 방식으로 작동한다. 챗지피티는 오픈에이아이의 공식 웹사이트에 이용자가 직접 접속해 사용할 수 있다. 현재 챗지피티는 웹에서 최신 정보를 검색하는 기능을 갖추고 있으며, 다양한 전문 자료와 데이터베이스를 참조해 이용자가 만족할 만한 답변을 무료로도 제공한다. 유료 회원의 경우 이용 횟수 등에서 상대적으로 더 나은 서비스를 받을 수 있다.

AI가 가져올 여론의 변화에 대한 우려

새로운 기술이 나타나면 기대와 함께 늘 우려의 목소리도 커진다. AI는 풍부한 정보와 다양한 시각을 제공해 우리가 새로운 지식을 얻고, 창의적인 아이디어를 떠올리는 데 도움을 준다. 여론 영역에서도 크게 도움이 될 것이다. 그러나 동시에 우려되는 점도 있다.

생성형 AI 기반의 챗봇 챗지피티는 정보원으로서 여론의 쟁점이 되는 사안에 대한 다양한 정보를 제공하고, 다른 사람들의 의견도 전달한다. 이런 정보 전달을 통해 챗지피티는 여론 생성을 위한 기초 단위로써의 개인 의견의 형성 과정, 그리고 그러한 의견의 사회적 교류 과정에 변화를 일으킬 것이다. 예상되는 변화는 정보 전달의 폭을 넓히고 시간을 단축해 여론의 흐름을 더 쉽고 빨리 알 수 있도록 하고, 개인이 태도를 형성하고 이런 태도를 표현할 수 있는 형태인 의견으로 전환하는 콘텐츠 제작에도 도움을 주는 것으로 요약된다. 그러나 이 과정에서 사람과 사람 커뮤니케이션의 중요성은 약화해 사회자본(social capital)이 줄어들 수 있다.

또한, 챗지피티가 제공하는 정보를 100% 신뢰할 수 있는지에 대한 논란도 생길 것이다. 그리고 그에 따라 챗지피티의 정보를 바로잡는 방법에 대한 논쟁이 생길 것이며, 이 과정에서 챗지피티로부터 얻을 수 있는 이익에 대한 회의감이 생길 수도 있다. 다른 한편으로, 챗지피티가 제공하는 정보, 계획, 조언을 그대로 받아들인다면 그 일을 담당해 온 전문가들의 위상과 일자리가 위협받게 되는 현실에 대한 거부감도 생길 것이다. 그렇다면 과연 챗지피티, 더 나아가 AI가 가져올 장래가 밝다고 할 수 있는가?

저술 목적

이 책은 급속도로 쓰임새가 커지고 있는 챗지피티로 대표되는 생성형 AI가 여론에 미칠 영향을 전망하고 그 결과로 얻게 될 긍정적인 측면에 대한 기대와 동시에 우려되는 부정적 결과에 대한 고민을 공유하려는 목적으로 썼다.

이 책은 단순히 챗지피티에 대해 배우는 것뿐만 아니라, 챗지피티를 적극적으로 활용하고, 챗지피티의 발전에 대해 성찰하며, 나아가 미래에 대비하는 데 필요한 다양한 통찰과 경험을 제공할 것이다. 이를 위해 우선 '다가올 변화에 어떻게 대응할 것인가?'라는 주제를 다룰 때 도움이 될 내용을 다룬다. 구체적으로 지능형 AI가 가져올 영향을 여론 생성을 위한 기초 단위로써의 개인 의견의 형성 과정에서 생기는 변화, 개인의 의견을 표명하는 방식의 변화, 의견의 교류와 전파 과정의 변화, 인간 간 상호 의존과 네트워크와 변화, 사회자본의 변화, 정책 결정의 변화로 나눠 살펴보고자 한다.

이 책의 독자는 챗지피티와 여론의 관계, 챗지피티의 활용법, 챗지피티를 활용한 결과, 즉 여론의 생성과 변화 과정에서의 변화, 그리고 자신의 사고방식과 인간관계의 변화 가능성에 대해 말할 수 있게 될 것이다. 이런 기대 효과를 고려할 때, 특별히 이 책은 여론 전략가에게 도움이 될 것이다. 여론 전략가는 여론을 원하는 방향으로 돌리고자 하는 사람을 의미하는데, 정치적 스핀 닥터(political spin doctors)라고도 불리고 어떤 때는 여론 선도자(opinion leaders)와 동일한 의미로 사용되기도 한다. 이 외에 정책을 만들고 추진하는 정책 기관 종사자, 정치적 이익을 위해 여론의 지지를 확보하고자 하는 정당인과 선거 캠프 종사자, 그리고 정치 참여 의욕이 높은 시민들에게 도움이 될 것이다. 자기 의견을 다른 사람에게 전달하고, 더 많은 의견 동조자를 만들기 위해 챗지피티를 어떻게 이용할 수 있을지, 그리고 그 과정에서 주의해야 할 점과 한계가 무엇인지 이 책을 통해 이해할 수 있기를 바란다.

이 책은 생성형 AI와 여론에 관한 주요 개념들을 담고 있지만, 이들 개념이 주제를 모두 포괄한다고 말하기 어렵다. 또한 이 책에서 기술하는 용어 역시 학계에서 합의되지 않은 것일 수 있다. 어떻게 보면 필자가 갖고 있는 개인적인 관심과 주장을 이 주제 속에 나눠서 배치했다고 표현할 수도 있겠다. 따라서 부족하거나 연관성이 떨어지는 내용이 한 장 안에 배치되기도 하고, 다소 관련성이 떨어지는 내용이 책에 담긴 부분도 있을 수 있다. 저자는 최대한 이런 부분을 없애려고 노력했지만, 독자에 따라서는 이런 점에서 부족함을 느끼는 이도 있을 것이다. 이 점에 대해서 미리 양해를 구한다.

책의 구성

이 책은 모두 10개의 장으로 구성되어 있다. 1장과 2장은 AI가 여론의 형성과 변화 과정에 미치는 영향을 이해하기 위한 기본 지식을 다루고 있다. 여론은 개인의 의견을 바탕으로 형성되고, 개인은 커뮤니케이션하면서 서로 의견을 교류한다. 그리고 이런 교류 활동을 활성화하는 것이 미디어다. 이런 이유에서 1장에서는 여론의 의미, 형성과 변화 과정을 다룬다. 여론 관련 교재를 간략하게 요약한 내용이라고 이해하면 되겠다. 그리고 2장에서는 미디어가 어떻게 여론을 전달하고 형성과 변화 과정에서 어떤 기능을 수행하는지를 다룬다. 이 장은 교양 수업에서 흔히 다루는 미디어와 현대 사회의 관계에 대한 내용을 요약한 것으로 볼 수 있다.

3장에서 9장까지는 AI가 구체적으로 어떻게 여론의 생성과 변화 과정에 영향을 미치게 될지를 조망한다. 이를 위해 AI를 의인화해 특정 임무를 수행하는 사람으로 다룬다. 구체적으로 언론의 대체자, 쟁점 관련 정보 제공자, 여론 동향 정보 제공자, 의견 작성자, 의견 교류 상대자, 선거 운동원, 그리고 선거 훼방자로서의 AI 기능을 예상해 본다.

3장에서는 전통적으로 언론이라고 불리던 미디어가 담당하던 역할이 AI에 의해 대체가 이뤄지고 있는 현실을 조망한 후 장래에 일어날 대체의 확장이 가져올 변화에 관해 설명한다. 미디어의 대체와 미디어의 보완이 핵심이다.

4장은 AI가 어떤 쟁점을 선택하고 쟁점 관련한 정보 중 어떤 내용을 선택하는지에 초점을 맞춘다. AI의 의제 설정(agenda setting) 기능과 게이트키핑(gate-keeping) 기능이 핵심이다.

5장은 AI 이용자들이 어떻게 여론 동향을 인지할 수 있는지를 다룬다. 미디어 효과 이론 중에서 제3자 효과 이론과 침묵의 나선 이론이 핵심이다. 또한 사회적 압력과 사회적 승인(endorsement) 개념도 중요하게 다룬다.

6장은 AI를 이용해서 개인이 자기 생각을 정리해 의견으로 작성하는 방법에 관해 설명한다. 쟁점에 대해 관심도 있고 생각도 있지만 다른 사람에게 텍스트로 표현하는 것을 어려워하는 사람이 AI로부터 어떤 도움을 받을 수 있는지를 다룰 것이다. 특히, '논쟁적 참여자'로서 다른 사람의 의견에 반론을 제기할 때 어떤 도움을 받을 수 있는지를 다룬다. 이를 위해서 AI는 상대방 의견의 문제점을 찾아주고 이를 비판할 수 있는 논리적 근거를 제공하는데, 이 과정을 설명할 것이다. 또한, 전문가에 대한 의존 탈피와 감정 표출의 억제에 관해서도 다룬다. 커뮤니케이션 불안감과 이성적 공론장이 핵심어다.

7장은 AI와 개인의 의견 교류에 대해 다룬다. 사람과 사람 사이의 의견 교류라고 하는 전통적인 여론의 형성 과정이 사람과 기계의 교류로 대체되면서 발생하게 될 변화를 조망한다. 여기에서는 자발적인 사회적 고립, 공동체의 붕괴가 핵심어가 된다.

8장은 캠페인에서 AI가 어떤 역할을 할 수 있을지를 다룬다. 우선, 공공 캠페인에 관해서는 AI를 이용해 우호적 여론을 형성하는 방법을 다룬다. 다음으로, 선거 캠페인에 관해서는 지지하는 후보의 긍정적 측면을 강조하는 것과 함께 상대 후보의 부정적 측면을 부각하는 방법을 함께 다룬다. 이 과정에서 AI의 역할에 대한 평가를 기능적 측면과 규범적 측면으로 나눠 살펴본다. 선거 전략과 캠페인 활동이 핵심어다.

9장에서는 선거를 유리하게 이끌기 위해 행하는 행동이 지니는 문제점을 다룬다. 특히, AI를 이용하면서 새롭게 등장하는 행동과 강화되는 행동을 중심으로 논의한다. 가짜 정보와 환각(hallucination)이 핵심어다.

10장에서는 1~9장의 내용을 간략히 요약한 후, AI를 현명하게 이용하는 방법을 제시한다. 이 과정에서 AI 이용 시에 고려해야 할 기술적 쟁점과 윤리적 쟁점, 그리고 인간의 사고 능력 하락과 전문가 위상 하락이 가져올 위험성에 관해 설명한다. 핵심어는 AI의 한계, 신뢰, 사고 능력이다.

참고문헌

김수민·백선환(2023). 『챗GPT 거대한 전환』. 서울: 알에이치코리아.

서영상(2024). 『챗GPT의 시대: 인공지능과의 대화가 바꾸는 세상』. 서울: 페스트북.

Fadel, C., Holmes, W., & Bialik, M.(2019). *Artificial intelligence in education: Promises and implications for teaching & learning*. 정제영·이선복 편역(2020). 『인공지능시대의 미래교육: 가르침과 배움의 함의』. 서울: 박영story.

Jordan, M. I. (2019). Artificial intelligence: The revolution hasn't happened yet. *Harvard data science review*, 1(1), pp.1-9.

01
여론의 개념과 변화 과정

계몽주의 시대에 처음 등장한 이래 '여론'이라는 용어는 학술적으로나 대중적으로 널리 쓰이지만, 그 의미를 둘러싼 지적 합의가 존재한 적이 없다. 여론은 결과와 함께 과정을 살펴볼 때 제대로 이해할 수 있다. 시대 배경과 정치권력과의 관계 속에서 여론의 개념이 어떻게 변화되었는지를 정리함으로써 다가올 AI 시대 여론이 어떤 의미를 지니게 될지를 짚어 본다.

여론의 다양한 정의

여론을 거스르는 정치는 옳지 않은 것으로 받아들여질 정도로 여론은 민주주의 체제에서 영향력이 크다. 여론은 흔히 "사회적 문제에 대한 공중(대중)의 공통된 의견" 혹은 "사회적인 쟁점이나 문제에 대한 대다수 의견"이라는 의미로 사용된다(Glynn et al., 1995). 그러나 여론의 무엇인지를 대해 사회적 합의가 존재한 적은 없다(Childs, 1965). 비교적 널리 받아들여지는 여론의 정의는 다섯 가지로 정리할 수 있다.

첫 번째 여론의 정의는 개인 의견의 단순한 합으로 다수 의견을 의미한다. 두 번째 정의는 사회적으로 유용한 신념과 태도에 도달할 수 있는 지적 능력을 가진 사람들, 혹은 자기 견해를 공개적으로 알릴 수 있는 힘과 도구를 가진 사람들의 의견이다. 단순히 사회 지도층의 의견이라 할 수 있다. 세 번째는 누구의 의견인지를 따지지 않고 공공 사안에 관한 모든 의견을 의미한다. 네 번째는 사회적으로 고립될 두려움 없이 누구나 공개적으로 표현할 수 있는 모든 의견으로, 옳다는 믿음을 지닌 의견이라 할 수 있다. 마지막은 대중이 문제에 대해 인식하고, 이해하고, 정책을 개발해 나가는 합의의 과정을 여론이라 정의한다.

대중적으로 가장 잘 알려진 여론의 정의는 '사회적 쟁점에 대한 사회 구성원 각자가 지닌 의견의 집합체'다(이동근, 2015). 그런데 여기에서 사회적 쟁점과 사회 구성원 그리고 의견에 대한 정의가 통일되어 있지 않다는 점이 문제다. 이 세 개념을 어떻게 인식하는가에 따라 여론의 정의가 달라진다.

여론의 탄생

서양에서는 로마 시대의 '민중의 소리는 신의 소리(vox Populi, vox Dei)'라는 격언에서 여론(public opinion)의 맹아를 볼 수 있다(Peters, 1995). 그리고 동양에서는 '민심(民心)'이라는 말에서 찾아볼 수 있다. 민본 정치(民本政治)를 표방한 조선 시대에는 '민심이 곧 천심'이었다. 민심은 맹자의 천명론에 등장하는 용언데, 인간 본연에 내재한 근본적인 감정을 의미한다는 점에서 커뮤니케이션을 통해 교류되고 다듬어지는 의견이라는 여론 개념과는 다소 차이가 있다(이동근, 2015).

여론이라는 새로운 용어가 등장한 것은 18세기다. 이 용어의 최초 사용자로 알려진 프랑스의 재무상 자크 네케르(Jacques Necker, 1732~1804)는 세금 부과의 정당성을 주장하기 위해 여론의 지지를 내세웠다. 민심이 위정자의 권력 행사 방향을 제시한다는 믿음을 이용한 것이라 볼 수 있는데, 이는 권력을 견제한다는 현대적 의미의 여론과 다르다. 오히려 위정자의 행위를 정당화하기 위해 새로운 용어를 만들어 낸 것이다.

17~18세기 계몽주의 시대를 거치면서 사회 사상가들은 신이나 왕과 귀족으로 대표되는 국가가 아닌 보통 사람들이 지배하는 수단으로 의견의 가치에 주목하게 되었다. 존 로크(John Locke, 1632~1704)는 『의견의 법칙(Law of opinion)』이라는 저술을 통해 생각(ideas)이 개방적으로 논의되는 교회와 국가 밖에서 사회 질서를 창조하려고 했다(Peters, 1995). 신에 의해 지배되는 법칙(divine control)도 아니고 국가 권력에 의해 지배되는 법칙(civil law)도 아닌 시민의 의견에 지배되는 법칙을 제안했다. 이런 주장의 전제는 시민이 모여 함께 논의하면 '절대선'을 찾을 수 있다는 믿음이었다. 한편, 장 자크 루소(Jean-Jacques Rousseau, 1712~1778)는 '사회 계약설'에서 국민의 집단적 욕구와 이익을 대표하는 '일반 의지(general will)'라는 개념을 제시하면서 집단적 의사 결정의 중요성과 대중 정서의 영향을 이해하기 위한 토대를 마련했다. 이런 이유에서 루소는 현대적 의미를 지닌 여론의 개념을 제안한 사람으로 인정받는다(Peters,

1995). 그러나 로크와 루소를 거치면서 모양새를 갖춘 여론은 하나의 이념형일 뿐 실제 생활에서는 실현되지 않았다(Peters, 1995).

결과 대 과정

개인이 지닌 의견은 끊임없이 바뀌기에 특정 시점의 의견 분포를 여론이라 한다면 여론은 찰나의 순간에 지나지 않는다. 그러나 결과에 이르기 위해서는 반드시 과정을 거쳐야 하므로 과정 역시 여론에 포함되어야 한다. 그러므로 여론은 특정 시점의 의견 분포와 이러한 결과를 이끈 과정을 함께 분석할 때 제대로 이해할 수 있다. 과정에 대한 논의는 의견과 의견의 교환 과정에 대한 분석이 중심이 되며 시점별 여론의 변화 과정에 주목한다(Price, 1992). 따라서 분석은 특정한 기간의 변화 양태와 원인을 찾는 것이 목적이다. 반면에 결과에 대한 논의는 여론을 일시 정지된 상태로 다루며 특정 시점의 의견 분포를 분석하고 결과의 정치적 수용에 초점을 맞춘다.

커뮤니케이션 연구자와 관련 업계는 상대적으로 결과보다 과정에 관심이 더 많다(Price, 1992). 이것은 여론의 형성과 변화 과정에서 구성원 간의 커뮤니케이션과 미디어가 핵심적인 역할을 담당하기 때문이다. 그러나 정치학을 비롯한 타 분야에서는 과정보다는 결과를 더 중요시한다.

정치권력과 여론

민주주의는 시민이 권력을 가지고 스스로 그 권력을 행사하는 정치 체제다. 시민이 권력을 행사하는 방식은 투표 제도지만 그것이 전부는 아니다. 정부의 국정 운영, 정책의 수립 및 집행, 정치인의 선택 등에 직간접적인 영향을 미치기 위한 목적으로 행해지는 모든 활동이 시민의 권력 행사, 즉 정치 참여 행위다. 시민이 정치권력을 행사하는 가장 대표적인 방법이 여론이다. 이렇게 보면 민주주의는 곧 여론 정치다(이동근, 2015).

현대 민주주의 사회에서 여론은 시민이 권력을 실현하는 수단으로만 기능하지 않는다. 통치자가 피지배층을 통제하는 수단으로도 이용된다. 이것은 여론이 바른 판단 혹은 합리적 논의의 결과로 받아들여져 막강한 정치적 영향력을 지니지만, 여론의 형성 과정에 모든 사람이 동일한 영향력을 행사하는 것은 아니기 때문이다. 이런 이유로 여론 연구의 선구자인 리프만(Lippmann, 1925)은 여론의 주체인 공중을 유령 같은 존재(phantom of public)라고 칭하며 여론을 경계하라고 당부했다. 그럼에도 여론 수용이 당연한 것으로 받아들여지는 게 현실이다.

정치 영역에서는 여론의 과정보다는 결과에 주목한다. 여론을 어떻게 수용하고 정책이 얼마나 여론에 부합하는가를 따진다. 당연히 수용해야 하고 정책의 정당성 근거가 된다면 여론은 정치권력이다. 권력으로서 여론은 통제력을 지녔음을 의미한다. 즉, 사회 구성원이 당연히 따라야 할 규범이 된다.

여론이 통제 능력을 지녔기에 사회적 갈등이 있을 때마다 해소 방안으로 여론을 수용해야 한다는 주장이 만연한다. 그러나 여론은 갈등 해소에 도움이 되기보다는 오히려 갈등을 고조시키는 경우가 많다. 여론은 실체가 아니라 인식에 따라 결정되기에 정치 세력과 갈등 당사자들은 서로들 자기에게 유리한 의견을 여론이라 주장하기 때문이다.

여론 과정과 AI의 잠재력

여론의 힘은 사람들의 머릿속 생각, 즉 지각에 근거한다. 따라서 자기가 원하는 방향으로 지각하도록 유도할 수 있는 자가 권력을 가진다. 정치인과 여론 선도자, 그리고 미디어가 "국민의 뜻"이라는 명분을 내세우며 이 영향력을 행사한다.

이 책에서는 생성형 AI인 챗지피티가 여론 지각에 어떻게 관여하는지를 살펴본다. 그리고 그 관여 행위가 정치인, 여론 선도자, 그리고 이전 미디어와 무엇이 다른지도 따져본다.

참고문헌

이동근(2015). 『(커뮤니케이션이해총서) 여론』. 커뮤니케이션북스.

Childs, H. L.(1965). *Public opinion: Nature, formation and role.* Princeton: Van Nostrand.

Glynn, C, J., et al.(1995). Opinions, perceptions and social reality. In T. L. Glasser & C. T. Salmon (Eds.), *Public opinion and the communication of consent* (pp.249-280). New York: Guilford Press.

Lippmann, W.(1925). *The phantom public.* New York: Harcourt, Brace & Company.

Peters, J. D.(1995). Historical tensions in the concept of public opinion. In T. L. Glasser & C. T. Salmon (Eds.), *Public opinion and the communication consent* (pp.3-32). New York: Guilford Press.

Price, V.(1992). *Public opinion.* Newbury Park, CA: Sage.

02
여론과 미디어의 관계

미디어는 여론 형성과 전달 수단이다. 미디어는 개인이 의견을 형성하는 데 필요한 정보를 제공하는데, 이 정보는 있는 그대로가 아니라 재현된 현실이다. 재현을 통해 미디어 역할은 있는 여론을 그대로 보여 주는 데 머물지 않고 여론 형성 관여로 확장된다. 재현된 현실은 미디어별로 다르기에 미디어는 여론에 영향을 미친다. 이런 미디어의 영향력을 다룬 커뮤니케이션 이론으로는 의제 설정 기능, 틀 짓기 효과, 점화 효과, 침묵의 나선 이론, 그리고 제3자 효과 가설이 있다.

의견 형성과 표명 과정에서의 미디어

개인은 자기 의견을 다른 사람과 커뮤니케이션하면서 다른 사람이 어떤 의견을 지녔는지를 지각한다. 그리고 이런 경험이 누적되면 다수가 동의하는 의견을 인지하게 되고 이를 여론으로 받아들인다. 개인의 지각이 사회적으로 널리 공유되면 규범의 성격을 지닌 여론이 된다. 이 과정을 도식화하면 다음과 같다.

사회적 쟁점에 관한 정보 수집 → 사회적 의제 인식 → 초기 태도 형성 → 추가 정보 수집 → 태도 강화 혹은 변경 → 타인과의 의견 교류 → 여론 동향 정보 수집 → 여론 지각 → 의견 표명 의지 조절 → 투표나 청원 등의 행동 결정.

위의 10단계에 걸쳐 미디어는 정보 제공을 담당한다. 이 정보는 사회적 쟁점에 관한 정보와 여론 동향 정보 또는 사실 정보(fact)와 설득이 목적인 의견(opinion) 정보로 구분된다. 어떤 정보를, 언제, 어떻게, 얼마나 자주 보도하는가를 조절해 미디어는 개인의 의견 형성과 표현 그리고 여론 지각에 영향을 미친다. 챗지피티가 여론에 관여한다면 이와 같은 미디어 역할의 전부 혹은 일부를 대체하는 형태가 될 것이다.

전달 대 재현

미디어가 제공하는 객관적 현실을 다룬 사실 정보가 있는 그대로를 보여 주지 않는다. 미디어는 현실을 단순히 전달(presentation)하지 않고, 미디어의 관점과 해석을 투영해 재현한 현실(representation)을 전달한다. 미디어는 현실의 수동적 중계자가 아니라 능동적 관여자다.

여론이 측정할 수 있는 객관적 현실이라면 미디어는 그 현실을 정확히 전달해야 한다. 그러나 객관적 현실이 존재하지 않는 여론은 애초부터 '정확한 전달'이라는 말이 성립할 수 없다. 결국 미디어는 여론을 재현할 수밖에 없고 이런 이유로 미디어별로 제시하는 여론은 차이가 나게 된다. 재현은 없는 것을 새로 창조하거나 사실을 왜곡하는 것이 아니다. 재현은 객관적 근거를 조합하고, 연결하며, 빈 곳을 채우고, 특정한 부분을 강조하는 일련의 과정이다. 따라서 재현된 현실은 최소한 객관적 현실과 동떨어지는 것은 아니다.

미디어별로 조금씩 다른 여론을 제시하는 것은 이용자에게는 선택의 여지가 있다는 의미다. 자신이 원하는 여론 혹은 옳다고 믿는 여론을 선택할 수 있게 되고 따라서 각자가 지각하는 여론도 차이가 난다. 집합적 수준에서 생각해 보면, 특정 미디어가 제시하는 여론보다 크거나 작다. 따라서 미디어 간에 재현하는 현실을 무기로 더 많은 수용자를 확보하기 위한 경쟁이 벌어진다. 이 과정에서 개별 미디어별로 영향력에 차이가 생긴다. 더 많은 사람이 수용할 수 있는 여론을 제시하는 미디어가 더 큰 힘을 지니게 된다.

이 과정을 고려하면, 미디어는 결과를 전달하는 역할보다는 결과를 만들어 내는 과정에 중점을 두고 있다고 할 수 있다. 즉, 여론을 반영하는 콘텐츠보다는 여론을 특정 방향으로 유도하는 콘텐츠를 재현의 형식으로 생산한다고 볼 수 있다. 미디어는 결과를 드러내는 장소가 아니라 과정이 이뤄지는 장소다.

미디어 효과

미디어가 여론에 영향력 또는 효과가 있다는 말은 미디어가 여론에 직접 영향을 미치는 게 아니라 미디어가 재현한 현실이 여론에 영향을 미친다는 의미다. 이런 인식이 가장 잘 묻어나는 미디어 효과 이론이 침묵의 나선 이론이다. 이론을 처음 제안한 노엘레-노이만에게 여론은 은닉된 실체(latent entity)가 아니라 순간적인 이미지(a staged image)일 뿐이다(Noelle-Neumann, 1995).

여론의 이미지는 개인의 인식과 행동 그리고 집합적

커뮤니케이션과 사회적 인식의 결과물이다. 이런 맥락에서 프라이스와 로버츠(Price & Roberts, 1987)는 미디어의 기능을 보도자(reporter)의 기능과 여론 조사자(poll-taker)의 기능으로 구분한다. 보도자로서 미디어 기능은 쟁점에 대한 사실 정보의 전달을 말한다. 여론 조사자로서 여론의 기능은 여론의 형성 과정에 관여하고, 여론의 동향을 추론할 수 있는 근거 또는 관련 정보를 제공하는 것을 의미한다.

사실 정보는 일어난 사건 혹은 사안에 관해 5W1H, 즉 누가 언제 어디서 무엇을 어떻게 왜 했는가를 설명한다. 그러나 미디어는 현실을 재현하기에 미디어별로 현실을 드러내기 위해 선택하는 정보, 이를 포장하고 전달하는 방식, 그리고 강조 또는 생략하는 부분이 다르다. 이런 차이는 개인의 현실 인식에 영향을 미친다. 구체적으로 미디어는 무엇을 중요하게 생각해야 하는지(의제 설정 기능), 어떻게 해석해야 하는지(틀 짓기 효과), 그리고 무엇을 기준으로 판단해야 할지(점화 효과)에 대한 이용자의 인식에 영향을 미친다.

여론 조사자로서 미디어는 여론에 영향을 미칠 수 있는 다양한 의견이 교류할 수 있는 장을 제공하고, 이 장을 관찰하며 여론 동향에 관한 정보를 수집해 전달한다.

이 기능 수행을 위해 미디어는 다양한 정보원으로부터 개인의 태도, 의견, 행동에 직접 영향을 미치려는 설득 메시지를 수집해 전달한다. 정치인의 연설과 논쟁, 면대면 대화(인터뷰 기사), 정당과 행정부의 공식 발표, 정치와 사회적 쟁점에 대한 전문가의 분석과 해설, 선거 캠페인 관계자의 전언이 이에 해당한다. 여기에 언론사가 섭외한 전문가나 기자가 기고하는 사설과 칼럼이 추가된다. 이 과정에서 미디어의 편향성과 정치적 지향이 드러난다(Lippmann, 1922).

다음으로, 여론 지형을 가늠할 수 있는 단서를 제공한다. 이 정보도 이용자의 인식에 영향을 미치지만, 개인 의견이 아니라 여론 기후의 지각에 미친다. 자기 의견이 소수라고 인식하면 침묵하게 된다는 침묵의 나선 이론, 그리고 다른 사람이 미디어에 더 영향을 받을 것으로 예상하고 그 예상에 따라 자기 행동을 결정하게 된다는 제3자 효과 가설이 이와 관련된다.

미디어의 대항자

미디어만 여론에 영향을 미치는 것은 아니다. 다른 사람들의 생각과 태도에 영향을 미치는 여론 선도자(opinion leaders), 주변 사람들 혹은 준거 집단(referent group),

그리고 사회 구성원 각자가 여론에 영향을 미친다.

여론 선도자는 비교적 손쉽게 사회적 쟁점에 대한 정보를 얻을 수 있고, 이를 정확히 파악할 수 있는 엘리트들로서 정치인이 대표적이다. 이들은 문제가 발생하면 곧 그에 관한 정보를 수집하고 다른 사람들에게 전달한다. 이 과정에서 자기 의견을 드러내면서 일반인의 동조를 구한다(Lippmann, 1922). 한편, 준거 집단은 관찰 대상 또는 모방 대상이 되어 개인의 의견 형성과 표명에 영향을 미친다(양승목, 1997).

관심을 가지지 않거나 자기에게 미치는 영향이 없다고 생각하면, 개인은 사회적 쟁점에 관한 정보를 접하려고 하지도 않는다. 설령 우연히 정보를 접했더라도 이것으로 인해 자기의 지식이나 현실 인식에 변화가 생기지는 않는다. 그리고 스키마(schema)와 같은 개인의 정보 회피 기제는 미디어와 여론 선도자 등 외부 요인의 영향과 대립하는 힘이 된다. 따라서 현실 인식은 개인 인지와 미디어 등의 외부 영향이 동시에 작용한 결과로 봐야 한다(양승목, 1997).

참고문헌

양승목(1997). 언론과 여론: 구성주의적 접근. ≪언론과 사회≫, 17,

6-40쪽.

Lippmann, W.(1922). *Public opinion.* New York: Harcourt, Brace & Company.

Noelle-Neuman, E.(1995) Public opinion and rationality. In L. Glasser & C. T. Salmon (Eds.), *Public opinion and the communication consent* (pp.33-54). New York: Guilford Press.

Price, V., & Roberts, D.(1987). Public opinion process. In C. Berger & S. Chaffee (Eds.), *Handbook of communication science.* Newbury Park, CA: Sage.

03
언론의 대체자로서의 AI

AI는 이미 저널리즘 분야에서 다양하게 활용된다. 텍스트 뉴스를 제작할 뿐만 아니라 AI 가상 앵커를 통해 동영상 뉴스 제작에 관여하기도 한다. AI 저널리즘은 제한된 시장을 고려하면 기존 미디어에 위협이 되지만, 다른 한편으로 새로운 제작 방식을 시도할 수 있게 한다는 긍정적인 면을 지닌다. 그러나 AI 저널리즘도 정치적 편향성 논란에서 벗어나기는 쉽지 않다.

AI 저널리즘의 가능성

AI가 여론의 형성과 변화 과정에서 다양한 역할을 담당한다면 이는 곧 기존의 미디어 기능, 더 정확히는 언론을 대체하는 것이 된다. 구체적으로 정보원으로서 여론의 쟁점에 대한 다양한 정보를 제공하고, 다른 사람들의 의견을 전달해 여론의 흐름을 알 수 있게 한다. 그리고 다른 한편으로는 개인이 태도를 형성하고 이런 태도를 표현할 수 있는 형태인 의견으로 전환하는 콘텐츠 제작자 역할도 하게 될 것이다.

AI의 언론 대체 범위가 전면적일지 아니면 부분적일지, 그리고 대체와 함께 상호 보완과 협력이 가능할지를 아직 알 수 없다. 저널리즘 행위자로서 AI의 미래가 명확하지는 않지만, 한 가지 분명한 것은 이미 AI 저널리즘 시대는 열렸다(허만섭, 2024)

국내 AI 저널리즘 사례

국내 언론사 중에서는 연합뉴스가 비교적 활발하게 AI를 활용하고 있다. 연합뉴스는 2023년 현재 27개의 AI 뉴스 서비스를 제공하는데, 기상 특보, 지진 자연재해 기사 생성, 스마트카와 같은 플랫폼으로 차량용 AI 뉴스 서비스, 사실 관계가 명확한 뉴스 텍스트 생성, 기사 추천

시스템, 취재를 도와주는 에이전트 역할 등에 AI를 이용하고 있다. 또한 타 미디어와 협업도 활발하게 진행하고 있다. 동아일보와 함께 AI 기사 추천 서비스를 제공하고, 연합경제TV와는 데일리 경제 뉴스와 단신을 작성하고 읽어 주는 서비스를 제공하고 있다.

연합뉴스 외 일부 언론사도 독자적인 AI 저널리즘 서비스를 제공하고 있다. 카카오는 2019년부터 카카오톡 뉴스봇을 운영했는데, 2023년 8월 현재 55만5000명이 넘는 이용자를 확보하고 있다. 조선일보는 봇(bot)기자를 활용해 미국 주식 정보를 실시간으로 제공하는 '서학개미봇' 서비스를 제공하고, 아시아경제는 구글 생성형 AI를 활용해 중국어 뉴스 서비스를 운영 중이다.

이 외에도 엔씨소프트는 AI 자연어 처리(natural language processing) 기술로 일기예보 기사를 작성해 연합뉴스에 송출했다. 국내를 벗어나 전 세계로 시야를 넓히면 더 다양한 AI 저널리즘 사례를 발견할 수 있다. 예를 들어, LA타임즈는 자체 개발한 퀘이커봇(Quakebot)으로 지진 관련 뉴스를 제작해서 보도하고 있다.

여기에서는 한정된 지면을 고려해 사례를 더 드는 것 대신에 영국의 인터넷 매체 편집인인 마르셀라 쿠노바(Marcela Kunova)의 글 '챗지피티가 저널리스트를 위해

할 수 있는 여덟 가지 일'을 소개하겠다(Kunova, 2023. 1.31). 첫째, 대량의 문서와 텍스트를 요약한다. 둘째, 질문과 답변을 생성하고 인터뷰가 필요한 전문가를 추천한다. 셋째, 적절한 인용 문구를 제안한다. 넷째, 기사 표제의 설정을 제안한다. 다섯째, 외국어 기사를 번역한다. 여섯째, 이메일 작성 등 기자의 성가신 잡일을 덜어준다. 일곱째, 소셜 미디어에 올릴 메시지를 작성한다. 여덟째, 기사와 관련된 배경과 맥락을 확인하고 행동 정보를 활용해 기사를 풍부하게 갈무리한다.

AI 저널리즘의 위협

새로운 미디어의 등장은 기존 미디어에는 위협이다. 독자와 광고 시장을 잃게 될지도 모른다는 우려 때문이다. 이미 신문과 방송으로 대변되는 레거시 미디어(legacy media)는 포털과 스마트폰의 등장으로 두 차례나 구독자 감소, 시청률 하락, 광고 수익 하락을 겪었다. 언론 종사자들도 자기 직업에 대한 자부심이 많이 줄었다. 전문직 기자를 "기레기"라고 부르며 폄훼하기도 하고, 일반인의 비전문 콘텐츠가 레거시 미디어의 기사보다 더 나은 평가를 받는 때도 있다. 더 나아가 이용자가 자신이 생성한 콘텐츠(UGC)에서 전문 기자의 기사를 반박한 후 기사 내용이 수정되기도 한다.

뉴스 포털처럼 일상화된다면 AI는 레거시 미디어와 기존의 뉴스 포털에는 위협이 된다. 짧은 글과 영상에 익숙한 젊은 세대에게 AI는 뉴스 링크 없이 뉴스를 요약해서 보여 주기도 하고 관련 뉴스를 비교해 주기도 한다. 게다가 이용자가 대화를 통해 요청하며 추가 정보를 제공하기도 하고 기사를 비판하기도 한다.

구글과 네이버와 같은 대형 포털은 생성형 AI가 포털 검색 수요를 위축시킬 가능성을 우려해 AI를 외면해 왔다. 그러나 이제 AI의 도래는 현실이 되었고 그 영향으로부터 뉴스 포털도 예외가 아님을 인정해야 하는 상황이 되었다. 2023년 8월 네이버는 챗봇 클로바 X(CLOVA X)를 선보였는데, 이것은 기술적으로 AI의 시장 장악을 인정한 뉴스 포털이 자체 AI 브랜드를 만들어 대응한 것으로 해석할 수 있다. 포털은 키워드 검색이라는 비즈니스 모델로 광고 시장을 장악했지만, AI 가 키워드 검색 시대를 마무리 짓고 있다.

AI 저널리즘의 혜택

AI 저널리즘은 기존 미디어의 강력한 경쟁자로 위협적이지만, 이것이 다는 아니다. AI는 레거시 미디어에 새로운 기회를 제공할 수도 있다. 우선, AI가 훈련(machine learning)하는 데 필요한 데이터 중 많은 양이 기존 미디어의 뉴스 콘텐츠로 이뤄진다는 점에 주목해야 한다. 뉴스 없이는 AI가 훈련할 수 없고, 그러면 정보 시장에서 도태된다. 따라서 AI는 새로운 뉴스 고객이 된다.

AI는 기자의 조력자나 비서가 되어 팩트 체크, 콘텐츠 개인화, 텍스트 요약, 텍스트 형식 변환, 기본적인 인터뷰 수행 등 기자의 업무 중 상당 부분을 덜어 줄 수도 있다. 이를 통해 확보된 시간을 활용해 기자는 전문성이 요구되는 특정 업무에 더 집중할 수 있고, 이는 뉴스 콘텐츠 질의 향상으로 이어진다.

이뿐만이 아니다. AI는 레거시 미디어의 시장을 잠식한 뉴스 포털의 지배력을 약화할 수 있다. 뉴스 포털의 의존에서 벗어난다면 최초의 뉴스 생산자로서 레거시 미디어는 재무적으로 더 나은 상태가 될 수 있다.

AI 저널리즘의 정치적 편향성

AI 저널리즘은 필연적으로 정치적 성향을 지닌다. 의제 설정과 프레이밍은 뉴스 제작 과정에서 제외할 수 없는 속성인데 이것이 콘텐츠 이용자의 의견과 판단, 가치에 영향을 주기 때문이다. 이는 결국 사회적으로 중요한 것,

옳은 것, 필요한 것에 관한 판단이 담긴다는 것이며, 이 판단은 여론에 영향을 미치게 된다. AI가 제공하는 뉴스나 정보는 민주주의 공론장이 필요로 하는 정치적 담론을 왜곡시킬 가능성이 크다.

어떤 사람도 객관적이거나 중립적일 수 없다. 그런데 AI를 훈련한 원자료와 AI의 작동 알고리즘은 사람이 만든 것이다. 따라서 AI가 생산하는 콘텐츠도 정치적 편향성을 지닐 수밖에 없다. 다만, 레거시 미디어, 뉴스 포털의 콘텐츠가 지니는 편향성과 정도의 차이가 있을 뿐이다. AI가 편향성이 상대적으로 덜하기에 더 나은 미디어라고 판단하기보다는 AI 역시 편향성을 지닌다는 점을 염두에 둬야 한다.

알고리즘에 영향을 미치는 세력이나 개발자는 AI를 통해 사회 구성원을 일부나마 통제할 수 있다. AI를 통한 통제는 합의나 계약에 따라 이뤄지지 않는다. 통제당하는 이가 인식하지 못한 상태에서 은밀하게 이뤄진다. 따라서 AI 저널리즘에 전적으로 의존한다면, 여론은 구성원 상호 간에 공개적 토론을 통해 견제와 균형을 추구하는 과정을 거쳐 도출되는 게 아니라 은밀한 알고리즘을 통한 통제에 의해서일 가능성이 크다.

클레이 셔키(Shirky, 2008)는 온라인 미디어를 통해 정치 참여에 유입되는 대상이 한정되는 현상을 가리켜 반향실 효과(echo chamber effect)라고 불렀는데, AI 시대의 여론은 나와 AI만의 반향실에서 나온 결과일 수 있다. 이 과정에서 사람과 사람 커뮤니케이션의 중요성은 약화해 사회자본(social capital)이 줄어들 것이다.

참고문헌

허만섭(2024). 지능화 시대의 뉴스 미디어 산업. 한국언론학회 저널리즘연구회(편). 『AI 시대 저널리즘 미리보기』(21-42쪽). 서울: 한울아카데미.

Kunova, M.(2023.1.31). Eight tasks ChatGPT can do for journalists. jounrnalism.co.uk. Retrieved from https://www.journalism.co.uk/news/how-can-journalists-use-chatgpt-/s2/a1005273/ [검색일: 2024.8.12.]

Shirky, C. (2008). *Here comes everybody: The power of organizing without organizations.* New York: Penguin Press.

04
쟁점 관련 정보 제공자로서의 AI

AI를 통해 개인 의견 형성에 필요한 정보를 얻을 수 있다. 이 정보는 AI 봇이 밀어내는 정보와 이용자가 대화형 AI에서 끌어내는 정보로 구분할 수 있다. 이 중에서 대화형 AI를 활용해 얻는 정보는 맞춤형으로, 이용자의 확증 편향을 강화할 염려가 있다. 이 밖에 AI가 제공하는 정보는 조직에서 정보의 진위와 가치를 검증하는 과정을 거치지 않아 가짜 정보와 편향적 정보를 걸러 내지 못하는 문제가 있다.

AI가 제공하는 정보

우리가 다른 사람 또는 사회에 관한 정보를 얻는 방법은 크게 세 가지다. 첫째는 직접 보거나 듣는 것이고, 둘째는 주변 사람에게서 듣는 것이고, 세 번째는 신문·방송·뉴스 포털·유튜브·소셜 미디어 등의 다양한 미디어 이용을 통해서다. 이제 우리는 네 번째 정보원 AI를 얻었다.

엄격하게 말하면, AI는 새로운 정보원은 아니다. 각종 미디어에 이미 나와 있는 정보를 집대성한 것일 뿐이다. 2023년 미국의 뉴스미디어연합이 조사한 바에 따르면, 구글의 생성형 AI 바드(Bard)의 데이터 중에서 뉴스와 디지털 미디어에서 수집한 정보가 절반이 넘었다. AI가 제공하는 정보와 전체 미디어가 제공하는 정보는 중복될 수밖에 없다. 그러나 개인은 스스로 AI처럼 집대성할 수 없으므로 AI에서 얻는 정보는 다른 정보원에서 얻는 것과 다르다. 이런 측면에서 AI는 제4의 정보원이다.

AI가 제공하는 정보는 형식에 따라 챗봇을 통해 얻는 정보와 직접 대화를 통해 얻는 정보로 구분된다. 챗봇은 이용자의 요구 없이 플랫폼 알고리즘에 따라 정보를 전달한다. 이런 밀어내기(push)형 정보는 이용자가 주변에서 일어나는 중요한 일을 놓치지 않게 하는 장점이 있다.

이미 많은 국내외 미디어가 뉴스 제공 챗봇 서비스를 운영하고 있다. 챗봇은 단순히 디지털 공간에 존재하는 기존 뉴스를 취합하거나 분류하는 수준에 머물지 않고 직접 자료를 수집해 이를 분석한 후 기사 형식으로 작성한 콘텐츠를 전달한다. 국내 서비스 중에서는 카카오톡 뉴스 봇이 가장 유명하다. 미국의 스냅챗(SnapChat)은 챗지피티를 결합해서 개인화한 뉴스 챗봇 마이에이아이(MyAI)를 내놓았다.

중국은 뉴스 챗봇을 가장 활발하게 이용하는 국가다. IT 기업인 텐센트(Tencent)는 2015년에 AI를 활용한 뉴스 봇 드림라이터(Dreamwriter)를 출시했다. 드림라이터는 하루에 2000여 개의 금융과 스포츠 관련 기사를 생산하며 콘퍼런스의 기조 발언을 기사로 작성하는 데는 채 1분도 걸리지 않는다. 현장 취재물의 속보성이라는 측면에서는 기존 미디어가 따라올 수 없는 수준으로 우월하다.

한편, 중국의 신화통신과 CCTV는 2018년부터 AI 이미지 기술을 이용해 가상 아나운서 두 명을 만들어 운영하고 있다. 이후 인도, 인도네시아, 대만 등의 뉴스 프로그램에도 가상 아나운서가 고정 출연한다. 비용의 측면에서도 AI는 이전의 미디어를 압도하는 가성비 높은 정보원이 될 것으로 보인다.

AI가 제공하는 정보의 두 번째 형식은 직접 대화다. 이용자가 챗지피티 등의 생성형 AI에 텍스트 혹은 음성으로 조건을 특정한 기사를 요구하면 AI가 이에 답하는 방식으로 정보를 제공한다. 챗봇 형식이 밀어내기형이라면 이것은 끌어내기(full)형 정보다.

개인 맞춤형 (챗봇) 서비스는 개인의 뉴스 이용 관여도와 만족도를 향상하고 별도의 수고 없이 원하는 뉴스를 바로 얻을 수 있다는 점에서 뉴스 이용의 효율성도 배가시킨다.

AI 정보 제공 방식의 문제

두 가지 정보 제공 방식은 각기 다른 문제를 지니고 있다. 뉴스 봇의 밀어내기형 정보는 뉴스 봇에 의해 작성되는 정보의 중요성과 정확성에 관한 판단 과정, 즉 뉴스 데스킹(news desking)을 거치지 않기에 이용자에게 상대적으로 뉴스 가치(news value)가 낮은 정보가 전달될 수 있다.

더 큰 문제는 AI로 알고리즘에 따라 작성된 기사에는 도리어 오정보가 포함될 수도 있다는 점이다. 기사 작성을 위해 AI가 수집한 원정보가 틀렸음에도 이를 걸러 내지 못하고 이 정보를 반영해 콘텐츠를 작성하면 최종 기사는 오보가 된다(최지향, 2024). 게다가 AI는 수집한 정보를 그럴싸하게 포장하는 능력에 있어서는 다른 미디어를 압도하기에 잘못된 정보가 신뢰할 만한 뉴스로 보이게 된다. 이처럼 AI 뉴스 봇을 이용한 정보 제공 방식에서는 사람에 의한 게이트키핑의 장점이 모두 사라지게 되고, 이에 따라 이용자가 피해를 당할 수 있다.

그리고 이런 경험이 누적되면 이용자가 뉴스의 내용을 살펴보기도 전에 뉴스 봇의 정보를 차단 또는 외면할 가능성이 있다. 미디어를 운영하는 사람에게는 인간에 의한 게이트 기능 수행이 어려운 점이 아쉬울 수밖에 없다.

한편, 대화를 통한 끌어내기형 정보는 이용자의 질문 능력에 따른 결과의 차이가 크므로 정보 격차가 커질 수 있다. 또한, 원하는 뉴스에 선택적으로 노출되는 현상이 심화해 사회적 의제 설정이 어렵게 된다. 실제로 사회 구성원이 함께 고민해야 할 주제임에도 의제 설정에 관한 합의를 끌어내기가 어렵다.

뉴스 포털에서 주로 뉴스를 접할 때는 개인이 원하지 않는 정보라 할지라도 우연에 의해 해당 정보에 노출되는 현상이 종종 발생하고 일단 노출되면 그 주제에 대해 고민할 기회가 생긴다. 그러나 챗지피티를 통해 완전히 개인화된 뉴스 서비스가 가능해지면 우연히 관심 없는 정보에 노출될 가능성이 사라진다(최지향, 2024).

마지막으로 생각해 봐야 할 문제는 오정보를 마치 사실인 양 말하는 챗지피티의 환각(hallucination) 현상이다. 검색 사이트에서는 질문 내용이 명확하지 않으면 검색 결과가 없다고 답하지만, 생성형 AI는 매우 그럴듯해 보이는 결과를 제공한다. 우리는 아직 AI의 '헛소리'를 가려낼 지혜가 충분하지 않다. 그럼에도 이런 정보를 바탕으로 개인이 의견을 형성하고 이를 교류한다면 그릇된 여론이 형성될 가능성이 크다.

맞춤형 서비스

인터넷과 소셜 미디어는 레거시 미디어와 다른 주제를 다른 관점으로 해석하는 '대안 미디어'의 토대가 되었다. 대안 미디어에서 이용자는 수동적 자세를 버리고 능동적으로 의제 설정 및 뉴스 전파의 한 축을 담당한다. 이처럼 뉴스 생산자와 소비자 간의 경계가 허물어지는 현상을 젤라이저(Zelizer, 2004)는 집단 저널리즘(collaborative journalism)이라고 규정했다.

AI가 제공하는 정보는 이용자가 다른 이용자를 위해 선택하고 해석하는 뉴스가 아니라 이용자 본인을 위해 이용자 본인에 맞게 해석한 뉴스가 될 전망이다(최수진, 2024). AI가 제공하는 개인화된 뉴스 서비스는 일종의 맞춤형 뉴스 패키지로 제공하는 인터페이스다. 이런 형태의 등장은 집단 저널리즘을 넘어 개인 저널리즘 시대가 도래하고 있음을 의미한다.

인터넷 포털은 매스 미디어와 대인 미디어의 성격을 띤 중간적인 미디어라면 뉴스 앱이나 뉴스 챗봇은 '대인'을 넘어 사회적 관계가 단절된 '개인' 미디어다(최수진, 2024). 뉴스 앱이나 뉴스 책봇은 언론사 및 뉴스의 속성에 방점을 두는 것이 아니라 이용자의 과거 뉴스 이용 이력과 이를 기반으로 추천된 이용자 개인의 선호에 방점을 둔다. 예컨대 AI는 '20대 여자 대학생'이라는 '군집'으로서가 아니라 한 명의 '개인'으로 맞춤형 뉴스 서비스를 제공한다.

개인화된 뉴스 서비스는 언론과 미디어의 사회적 기능이나 공적 역할보다 뉴스의 상업적 가치에 초점을 맞추게 될 것이다. 즉, 정보 이용자가 무엇을 필요로 하는가보다는 무엇을 원하는가에 초점을 맞춰 선택하고 편집한 결과물을 제공할 것이다. 이용자가 무엇을 원하는지를 알기 위해 AI는 개인의 속성과 행위, 뉴스 이용 이력 등을 학습한다.

AI는 학습을 통해 얻은 지식을 이용해 이용자의 선호를 파악한 후 그 사람이 주목할 만한 맞춤형 기사를 제공한다. 이렇게 개인화된 뉴스를 제공하면 이용자가 지닌 편향이 커진다. 게다가 AI는 극단적 의견을 다른 사람에게 전달할 수 있는 콘텐츠를 제작하는 데도 도움을 준다. 결국, 현재 우리 사회가 겪고 있는 정치적 양극화의 폐단이 오히려 심화한다.

두(Du, 2023)에 따르면, AI가 제공하는 개인화 뉴스가 이용자의 뉴스 관여도를 높이고 이용자의 정보와 지식을 증대시키는 데 도움을 주는 긍정적인 측면이 있다. 그러나 일부 이용자에게는 뉴스 서비스에 대한 의존도를 높이고 뉴스에 대한 자기 주도적 통제력을 약화하는 결과를 보이기도 한다. 이 연구의 결과는 AI가 제공할 정보가 우리 삶을 편리하게 바꾸지만, 그에 따른 비용도 적지 않음을 시사한다.

참고문헌

최수진(2024). 인터넷 포털 뉴스 그 후. 한국언론학회 저널리즘연구회(편). 『AI 시대 저널리즘 미리보기』(213-233쪽). 서울: 한울아카데미.

최지향(2024). 알고리즘 의존형 뉴스 소비의 확대. 한국언론학회 저널리즘연구회(편). 『AI 시대 저널리즘 미리보기』(195-212쪽).

서울: 한울아카데미.

Du, Y. R.(2023). Personalization, echo, chambers, news literacy, and algorithmic literacy: A qualitative study of AI-powered news app users. *Journal of broadcasting & electronic media*, 67(3), pp.246-273.

Zelizer, B.(2004). *Taking journalism seriously: News and the academy*. Sage.

05
여론 동향 정보 제공자로서의 AI

AI를 통해 얻는 정보 중에는 다른 사람이 사회적 쟁점에 관해 어떤 의견을 지니는지, 그리고 여론이 어느 쪽으로 결집 또는 이동 중인지를 알 수 있는 단서가 있다. 전통적으로 이런 단서를 일반인에게 전달하는 역할은 언론이 담당해 왔다. 이런 정보 중 여론 조사 결과가 가장 대표적이다. 그러나 여론 조사 보도와 관련해서는 오랫동안 비난이 끊이지 않았다. AI가 언론의 대안으로 더 나은 여론 동향 정보 제공자가 될 수 있는지를 살펴본다.

여론 동향 정보

여론 동향 지각이란 여론이 어느 쪽으로 쏠려 있는지, 어떤 방향으로 변할 것인지, 그리고 다수 의견이 무엇인지에 관한 인식을 말한다. 사람들 간의 직접적인 커뮤니케이션과 미디어를 통한 간접 커뮤니케이션 모두 여론 지각에 영향을 미친다(Mutz, 1998). 특히, 직접 접하지 못하는 사람의 의견, 객관적 집합 현실을 보여 주는 정보 차원에서 미디어가 중요한 역할을 해 왔다.

미디어를 통해 여론 동향을 지각하는 방법은 미디어를 통해 보도되는 여론 조사 결과가 대표적이지만 이 외에도 다양한 정보에 의존한다(Glynn et al., 1995). 뉴스에 소개되는 정치인의 연설과 행동, 또는 여론 분석 전문가의 인터뷰를 통해 여론 동향을 인식한다. 또한 시위 뉴스, 파업, 폭동, 행인과의 인터뷰, 신문사 투고 편지 등을 통해서도 여론 동향을 추론해 낸다.

여론 동향의 지각은 기존 의견을 강화하기도 하고 완전히 다른 방향으로 돌리기도 한다. 또한 자기 의견을 적극적으로 표명할지를 결정하는 것에도 영향을 미친다(Noelle-Neumann, 1984). 게다가 여론 동향 지각은 사람들의 의견 표현뿐만 아니라 비밀 투표와 같은 익명성이 보장된 행위에도 영향을 미칠 만큼 내면화할 수 있다

(Mutz, 1998).

여론 동향 인식은 정확성과는 무관하게 앞으로의 여론 형성에 영향을 미치기에 중요하다. 태도가 유보적이던 사람이 특정 의견에 찬성 또는 반대하는 일이 생긴다. 또, 제3자 효과 가설에서처럼 다른 사람들이 미디어의 영향을 받아 여론이 쏠릴 것을 염려한 사람이 그에 대응하는 행동을 하도록 유도하기도 한다(Davison, 1983).

여론 조사의 한계

여론 동향 인식에 영향을 미치는 가장 대표적인 정보가 여론 조사 결과다. 여론 조사는 개인이 지닌 의견 중 다수가 공유하는 의견이 여론이라고 정의하는 이들이 개인 의견을 정확히 측정하는 방법을 찾은 결과다.

여론 조사는 정치적 · 사회적 상황, 이해관계가 엇갈린 사회의 논쟁점들, 삶의 질, 특정한 계층, 연령층, 직업이나 성으로 구별된 다양한 사회 구성원들의 가치관, 태도, 그리고 사회적 행위 등을 다룬다. 미디어에 보도되는 기사 형태의 여론 조사 결과는 선거 기간에 폭증한다.

선거 여론 조사는 사회 구성원의 평등한 참여가 보장되고 변화를 객관적 수치로 나타낼 수 있다는 장점이 있다. 그리고 미디어가 이 정보를 보도하는 것은 과학적이고 객관적이기에 정밀 저널리즘으로 보기도 한다. 그러나 조사 결과의 부정확성과 보도의 편향성으로 인해 비난받는다. 특히, 선거 여론 조사에 대한 비난은 선거 때마다 반복된다(정일권, 2014).

또한, 사회적으로 중요하지도 않고 긴급하게 결정해야 할 사안이 아님에도 불구하고 주제가 선정적이거나 대중적 관심이 높다고 예상하면 여론 조사를 시행하기도 한다. 그리고 통계적으로 차이를 논할 수 없음에도 의미 있는 차이가 나타났다고 분석하고 이 차이를 강조해서 보도한다. 이런 이유로 여론 조사를 대신해 여론 현황을 보여 줄 수단을 찾기 위한 노력이 계속되고 있다.

여론 조사의 대체: 디지털 흔적

최근에는 디지털 이용 흔적을 분석해 여론 조사를 대체하려는 시도가 있다. 그러나 디지털 흔적은 전체 조사 대상(모집단) 중 대표성을 지니지 않는 일부의 기록이며 참여 횟수와 방법이 사람마다 다르기에 모집단의 속성을 추론하는 근거로는 부적합하다. 예를 들어, 유명 트위터나 페이스북 운영자들 또는 블로거들이 올린 글이나 사진에 나타난 '클릭 수'는 모집단이 의견에 대한 지지나 감정적 동조로 해석하는 때가 많지만, 정확히는 모집단이 아니라 해당 플랫폼을 이용하고 흔적을 남긴 집단의 지지나 동조로 해석해야 한다.

선거에 한정하면, 실제로 전체적으로는 지지를 받지만 디지털 미디어 활용이 부진한 후보자는 실제보다 지지세가 덜한 것으로 나타날 수 있다. 또한, 디지털 이용 흔적은 조작에 취약해서 조직적으로 특정 후보의 지지세를 과장하는 것이 가능하다(정일권, 2014).

이처럼 디지털 이용 흔적 분석은 비참여자, 참여 행위의 불균형, 조직적인 조작 시도에 대한 대처가 불가하다는 점에서 여론 조사의 대안이 될 수 없다. 다만, 여론 조사의 보완적 수단으로 함께 이용할 수는 있다.

AI 정보의 가능성

최근에는 신문과 방송 뉴스와 같은 전통 미디어뿐만 아니라 소셜 미디어 등의 디지털 미디어 플랫폼에서도 여론 조사 형식의 콘텐츠가 유통된다. 이런 콘텐츠는 전형적인 뉴스 형식을 취하지 않지만, 이용자는 그런 형식적 차이에 거의 의미를 두지 않는다. 탈기사 형식의 콘텐츠가 저널리즘 기능을 수행하고 있는 셈이다.

AI가 제공하는 여론 동향 정보 역시 이처럼 뉴스 형식에서 벗어난 콘텐츠일 가능성이 높다. 디지털 공간에 공개된 여론 조사 결과를 취합해 제공하는 형식은 AI를 통해서 더 활발히 이용될 것이다. 다만, 자료의 수집과 통합 및 재분석이 수월해서 원자료를 더 많이 가공한 결과를 내놓을 것으로 예상한다.

일본 라인야후는 생성형 AI를 활용해 댓글이 많이 달린 뉴스의 댓글들을 요약해서 제공하는 서비스를 시작하겠다고 한다. 이 서비스의 이용자는 댓글의 수와 내용을 보고 뉴스에서 다루고 있는 쟁점에 대한 여론의 동향을 추론할 수 있다. 이처럼 여론은 이러이러하다는 서술문을 제시하는 게 아니라 이용자가 스스로 지각할 수 있는 단서를 제공하는 형식의 AI 서비스를 기대할 수 있다.

여론 조사 결과를 제대로 이해하기 위해서는 통계적 지식이 필요한데, 일반인은 이런 지식이 부족하기에 조사 결과를 보고하는 사람의 판단에 과도하게 의존하면서 문제가 생긴다. 대화형으로 이용할 때, 분석이 필요한 조사 결과를 입력하면 AI가 과학적인 분석을 산출한다. 따라서 이용자는 보고자의 잘못된 분석의 폐해에서 벗어날 수 있다. 그리고 이 결과를 소셜 미디어 등의 플랫폼에 게시하면 여론 조사 보도에 관한 문제 해결에 일조할 수 있다.

미디어의 일반 이용자뿐만 아니라 미디어 콘텐츠 생

산자, 즉 전문직 기자도 AI의 도움을 받을 수 있다. 조사 과정상 문제가 있는 것은 걸러서 보도하지 않을 수 있고, 분석이 어려워 보도하지 않았던 내용도 기사에 담을 수 있어서 내용을 풍성하게 할 수 있다. 또한 조사 설계 단계에서 AI의 도움을 받아 기자가 조사 회사에 조사 범위, 방법, 문항 등에 관련한 구체적인 요구 사항을 제시할 수 있게 된다. 따라서 AI는 여론 동향 정보의 제공자로서뿐만 아니라 정보의 분석가와 조사 설계 조력자로서 활약하게 될 것을 예상할 수 있다. 그리고 이를 통해 조사자와 보도자에 의한 편향을 줄이고 조사의 정확성을 높일 수 있을 것이다.

그러나 특별한 목적을 위해 AI를 도구적으로 사용함으로써 여론 현실을 왜곡할 가능성도 있다. 누구나 자기 의견에 대한 사회적 지지를 확인하게 되면 마음의 평안과 자신감을 가지게 된다. 그런데 자기 의견을 지지할 수 있는 여론을 선택할 수 있다면 이를 외면할 수 있을까? AI에 자기 의견을 지지하는 여론 조사 결과를 수집해 달라거나, 조사 결과를 그런 방향으로 해석하도록 요청하면 이에 맞는 결과를 제시한다. 이를 악용해, 사회적 쟁점에 관해 대립하는 진영이 각각 자기 의견을 주장하는 근거로 AI의 맞춤형 정보를 활용하면 집단 갈등은 더 악화하게 될 것이다.

참고문헌

정일권(2014). 선거 여론조사 개선 방법에 대한 보도자와 조사자의 의견 차이에 관한 연구. ≪조사연구≫, 15(4호), 61-94쪽.

Davison, W. P.(1983). Third-person effect in communication. *Public opinion quarterly*, 47, pp.1-15.

Glynn, C, J., et al.(1995). Opinions, perceptions and social reality. In T. L. Glasser & C. T. Salmon (Eds.), *Public opinion and the communication of consent* (pp.249-280). New York: Guilford Press.

Mutz, D.(1998). *Impersonal influence.* Cambridge, New York: Cambridge University Press.

Noelle-Neumann, E.(1984). *The spiral of silence: Public opinion our social skin.* Chicago: University of Chicago Press.

06
의견 작성자로서의 AI

AI는 이용자를 대신해서 의견을 작성해 줄 수 있다. 다른 사람 앞에서 자기 의견 드러내기를 어려워하는 이도 AI를 활용해서 의견을 교류할 수 있다면 공론장 참여자가 늘어나게 된다. 대표성과 다양성이라는 측면에서 여론의 품질이 높아지는 것이다. 그러나 AI에 도움받은 의견은 감정 표현에 제한이 있고 따라서 행동을 유도하는 데 적합하지 않다. 여기에서는 여성의 의무 군 복무에 대한 찬성 의견을 작성해 달라고 했을 때 챗지피티가 어떻게 응답하는지를 사례로 살펴본다.

의견의 교류

여론을 뜻하는 영어 'public opinion'이라는 말에서 개인 의견이 여론의 필수 구성 요소임을 유추할 수 있다. 사회적 쟁점에 대해 개인이 자기 믿음과 지식 그리고 태도에 부합하는 의견을 지니지 않고는 여론이 형성될 수 없다. 개인은 미디어를 포함한 다양한 정보원을 통해 쟁점과 다른 사람의 의견에 대한 정보를 수집하고 이를 고려해 자기 의견을 정한다.

특정 대상과 사안에 관한 정보와 감정에 따라 태도가 형성되고 이 태도를 표현할 때 의견이 된다. 이렇게 보면, 의견을 믿음이나 태도와 같은 유사 개념과 구분하는 핵심 요소는 '표현'이다(Glynn et al., 1999). 여론의 구성 요소로 태도나 믿음이 아니라 의견이 채택된 것은 상호 작용의 시작이 드러난 타인의 행동에 대한 반응이기 때문이다. 즉, 표현해야만 다른 사람이 의견에 반응할 수 있고, 타인의 반응에 대한 예상은 의견의 표현 여부와 방식에 영향을 미친다.

마음속 태도와 지식을 표현하는 방법은 여러 가지지만 가장 대표적인 방법은 말과 글이다. 그런데 말 또는 글로 자기의 의견을 드러내는 것을 어려워하는 사람이 있다. 이런 사람이 많으면 사회 성원 간에 의견 교류가

활성화되지 않고 여론 형성 과정에 전체가 아닌 일부만 참여하는 결과가 된다.

여론이 진리는 아니더라도 진리의 대안이라고 말하는 것은 서로 다른 의견을 교류하다 보면 더 나은 의견으로 다듬어질 것이라는 믿음 때문이다. 이러한 믿음은 개인이 사회적 책임감을 느끼고 커뮤니케이션 과정에 참여할 때만 성립한다. 토론이 아예 없거나 일부만 참여하는 토론에서 형성된 여론은 진정한 의미의 여론이 아니다 (Habermas, 1962/2004).

AI의 의견 작성 조력

AI는 이미 말과 글의 표현력을 입증했다. 단적인 예가 엔씨소프트의 AI가 2020년에 작성해 연합뉴스에 송출한 다음 기사다. "17일은 고기압의 가장자리에 들면서 가끔 구름이 많고 오후부터는 제주도를 시작으로 일부 남부 지방에 비가 내리겠습니다."

AI는 이용자의 의도를 파악해 주제에 맞게 글로도 말로도 표현할 수 있다. 그리고 AI가 제작한 콘텐츠는 품질도 우수하다고 평가받는다. 2016년에 카이스트 정재승 교수 연구팀은 마치 펩시콜라와 코카콜라의 맛을 비교했던 것처럼, 일반인 600명을 대상으로 AI 저작물에 대한 평가를 실험했다. 놀랍게도, 대부분이 AI 봇이 쓴 프로야구 경기 결과 기사와 사람 기자가 쓴 기사를 구별하지 못했고, 오히려 로봇이 쓴 기사의 품질을 더 높이 평가했다.

이런 이유로, 이미 많은 미디어가 사람이 해 왔던 많은 일에 AI를 이용하고 있다. LA타임즈는 자체 개발한 AI 퀘이크봇(quake bot)으로 지진 관련 뉴스를 제작하고 있다. 방송 뉴스에서도 AI가 사용되는데, 종합 편성 채널 MBN은 김주하 AI앵커, 그리고 뉴스 전문 YTN은 변상욱 AI앵커가 진행하는 방송 뉴스를 선보이기도 했다. 인터넷 신문 MS투데이는 GPT로 "AI가 추천하는 강원 관광지"라는 기사를 작성했고, 미드저니(MidJourney)로 젊은 피서객 이미지를 생성해 보도에 활용하기도 했다. 이제 말과 글 작성자로서 AI의 역량은 최소한 보통의 사람에게 뒤지지 않을 수준에 이르렀다고 할 수 있다.

의견 표현의 장벽 허물기

AI는 표현이 서투르거나 다른 사람에게 자신을 드러내기를 두려워하는 사람이 자기 의견을 드러낼 때 도움이 된다. 예를 들어, 법정에서 소송 당사자를 대신해서 말하고 법원에 내야 할 서류를 대신하는 변호사의 역할을 대신할 수 있다. 변호사의 말과 글은 기본적으로 의뢰인이 요청한 내용이다. 변호사는 그 내용을 형식에 맞춰 논리적으로 정리하고 이를 법정에서 침착하게 표현하는 역할을 한다. 여론의 형성과 변화 과정에서 AI가 정제되고 논리적인 의견을 제시해 변호사처럼 전문 조력자의 역할을 담당하는 것이다. AI 이용자가 변호사 같은 전문가가 될 수는 없겠지만, 일반인보다는 높은 수준의 전문성을 갖고 말하고 글을 작성할 수 있게 된다.

한편, AI는 자기 의견 표현에만 도움이 될 뿐만 아니라 타인의 의견에 반박하는 데도 도움이 된다. 즉, 이용자를 대리해 '논쟁적 참여자'로서 공론장에 참여할 수 있다. 상대방 의견을 분석해 문제점과 논리적 허점을 찾아 제시하고 이를 논리적으로 표현할 수 있다. 따라서 논쟁할 때 이용자가 마치 비서처럼 AI를 이용할 수도 있다.

개인과 개인의 관계 또는 소집단에서의 토론을 넘어 더 넓은 범위의 의견 교환에서도 AI는 도움을 줄 수 있다. AI는 기사를 요약해 달라고 요청하면 단 몇 줄로 기사의 핵심을 간추리며, 특정 단어를 중심으로 내용을 정리해 달라고 하면 순식간에 새로운 관점에서 기사를 재구성해 준다. 같은 관점을 보인 여러 기사를 종합해서 한 기사로 작성해 달라고도 할 수 있고, 대립하는 관점을 지닌 기사를 제시하고 두 기사를 종합해 중립적인 기사로 작성해 달라고도 할 수 있다.

그리고 목표 독자를 고려한 맞춤 콘텐츠를 작성해 달라는 요청도 할 수 있다. 예를 들어, 내용을 초등학생이 이해할 수 있는 수준으로 쉽게 고쳐 달라고 요청할 수도 있다. 이렇게 간편하게 원하는 콘텐츠를 수집하고 가공하는 것이 가능해서 직접 자기 의견을 전달하지 않더라도 이용자가 동의하는 글을 찾아 맥락에 맞게 수정한 후 공유할 수 있다. 이를 통해 공론장을 꺼리던 사람도 지금보다는 편하게 참여해 의견 교류를 할 수 있게 된다.

감정 전달의 한계

다른 사람의 감정도 개인의 의견과 사회적 행동에 영향을 미치는데, AI의 도움을 받은 콘텐츠는 이를 담아내는 데는 한계를 지닌다. AI는 증오와 분노, 좌절과 절망, 자신감과 희망 같은 감정을 전달하는 데 익숙하지 않다. 물론, 앞으로 학습 방식을 바꾸면 이런 감정도 글과 말을 통해 표현할 수 있게 될지 모르겠다. 그러나 사람이 아니라 기계가 드러내는 감정에 다른 사람이 얼마나 동조할지가 의문이다.

사회적 쟁점에 관해 사람들이 구체적인 행동을 보일

때는 대개 분노가 개입된다(Gaylin, 1984). 최근 우리나라 정치만 봐도 정치 참여 행위의 기본 동력이 증오와 분노임을 알 수 있다. 선거 때만 되면 단골처럼 등장하는 구호인 "정권 심판", "정권 타도", "부패 정치인 퇴출" 등이 거의 예외 없이 효과를 나타낸다. 이런 경험이 축적되다 보니 여론 전략가들은 분노를 불러일으키거나 분노의 정도를 조절할 수 있는 방법을 찾게 되는 것이다.

이런 이유에서 이성적 사고와 불편 부당성, 그리고 객관성을 내세우는 지금의 AI가 여론에 미치는 영향은 제한적일 것으로 예상된다. 그러나 AI는 계속 변해 왔고 앞으로도 변할 것이다. 목적이 중요하다고 생각하면 개발자들은 AI의 학습 방법을 바꿀 것이고, 그러면 AI가 분노 등의 부정적 정서를 매개로 여론에 영향을 미치는 도구가 될 수도 있다.

챗지피티를 이용해 작성한 의견

AI로 작성한 의견의 품질이 어떤지를 확인할 수 있게 저자가 2024년 8월 13일에 챗지피티-4.o를 이용해 '여성의 의무 군 복무' 에 찬성하는 의견을 구어체로 작성해 달라고 요청했다. 600자로 분량을 제한했을 때 AI가 작성한 답변이 다음과 같다.

"여성의 의무 군 복무, 왜 필요할까? 우선 양성 평등이야. 남자만 군대 가는 건 불공평하다고 생각해. 여자도 똑같이 나라를 지키는 데 동참해야 진짜 평등한 사회가 되겠지. 두 번째로, 국방력이 강화돼. 여성들이 가진 섬세함이나 커뮤니케이션 능력이 군대 내 다양한 분야에서 큰 도움이 될 수 있어. 세 번째, 군 복무를 통해 여성들도 새로운 경험과 기술을 습득할 기회를 얻을 수 있어. 이를 통해 여성들은 사회에서 더 자신감 있고 능동적으로 활동할 수 있을 거야. 마지막으로, 남성들만 군대에 가는 역차별 문제도 해결돼. 이렇게 되면 남자들이 느끼는 불만도 줄고, 서로 이해하는 계기가 될 거야. 결론적으로, 여성 의무 군 복무는 평등하고 강한 사회를 만드는 중요한 한 걸음이라고 생각해."

참고문헌

Gaylin, W.(1984). *The rage within: Anger in modern life.* Simon & Schuster.

Glynn, C. J., et al.(1999). *Public opinion.* Boulder, CO: Westview Press.

Habermas, J.(1962). *Strukturwandel der Öffentlichkeit: Untersuchungen zu einer Kategorie der bürgerlichen Gesellschaft.* 한승완 옮김(2004). 『공론장의 구조 변동』. 서울: 나남.

07
의견 교류 상대자로서의 AI

AI는 주변 사람을 대신해 이용자와 대화하면서 의견을 나눌 수 있다. 이를 통해 이용자는 자기 의견을 정교화할 수도 있고 유사 사회적 공감을 체험할 수도 있다. AI는 편향적 데이터로 학습하면 편향적인 의견을 제공한다. 그리고 이용자가 AI와의 의견 교류에만 의존할 때는 사회적으로 고립된다. 이런 고립은 사회자본의 축소로 이어지며, 이런 사람이 늘어나면 공동체 붕괴를 걱정해야 한다.

대화가 가능한 AI

챗지피티는 출시 5일 만에 100만 사용자를 달성했는데 전문가는 높은 인기의 비결이 사용자의 기대를 뛰어넘는 수준의 대화 능력이라고 분석한다. AI 챗봇은 인간과 자연스럽게 대화할 수 있는 소프트웨어 애플리케이션으로, 대화형 AI라고도 부른다.

AI 챗봇은 삼성 갤럭시폰의 빅스비와 애플의 시리 같은 음성 기반 가상 비서는 물론, 스캐터랩의 이루다와 같은 텍스트 기반 대화형 에이전트도 포함한다. 그러나 챗지피티는 이전의 다른 챗봇의 수준을 뛰어넘은 것으로 평가된다. 챗지피티는 바로 앞 문장에 의존해 답변을 제공했던 싱글 턴(single-turn) 챗봇과는 달리 대화의 문맥을 이해하고 답변을 주는 멀티 턴(multi-turn) 챗봇이기 때문이다.

이런 기술적 발전으로 인해 챗지피티는 일관성 있고 문맥에 적합한 응답을 생성한다. 그리고 대화가 연속적이기 때문에 깊이 있는 상호 작용이 가능하다. 챗지피티가 앞 대화를 기억하고 전체 문맥을 고려해서 응답하기에 이용자는 사람과의 대화로 착각하기도 한다. 그러나 챗지피티가 사람이 될 수는 없다.

챗지피티 인격의 한계

챗지피티는 창의력이나 감정, 직관적인 판단력을 가질 수 없다. 비록 그 과정을 구체적으로 설명할 수는 없지만 논리적 알고리즘에 따른 결과를 보여 주는 것은 확실하다. 챗지피티는 단지 학습한 내용을 바탕으로 대화를 생성하는 것이지, 스스로 독립적인 생각이나 감정을 가지고 판단한 결과를 보여 주는 게 아니다. 이런 이유로 챗지피티는 보통의 사람이라면 저지르지 않을 윤리적 실수를 저지르곤 한다.

챗지피티가 인간의 편향적이고 차별적인 표현을 학습하면 혐오 표현을 걸러내지 못하고 이를 그대로 드러내서 이용자를 당황케 한다. 2016년 마이크로소프트는 챗봇 테이(Tay)를 선보였는데, 테이가 이용자들과의 대화에서 학습한 내용을 바탕으로 '대량 학살을 지지한다'와 같은 혐오 표현과 비속어를 쏟아냈다. 이 때문에 테이는 출시 16시간 만에 서비스가 중단되었다. 또, 2021년에 페이스북의 인공지능은 흑인이 등장하는 동영상을 시청한 사용자에게 '영장류(primates)'에 관한 동영상을 계속 볼 것인지 묻는 문구를 띄워 인종 차별 논란에 휩싸였다.

비슷한 일이 우리나라에서도 일어났다. 스타트업 스캐터랩에서 2021년에 출시한 20대 여대생 콘셉트의 챗봇 이루다가 출시된 지 3주 만에 서비스가 중단되었다. 이루다는 실제 연인들이 나눈 카카오톡 대화 데이터 약 100억 건을 활용해 학습했는데, 이용자들과 대화하는 과정에서 사회적 소수자와 여성에 대한 혐오 표현을 쏟아냈고 민감한 개인 정보도 유출했다. 또, 2023년에는 네이버의 인공지능이 비슷한 주제를 다룬 뉴스를 묶어서 제공하는 과정에서 여성에 대한 혐오 표현이 담긴 제목을 작성해 거센 비판을 받았다.

AI와의 폐쇄적 대화

형식적으로 완벽에 가까운 대화 상대자인 챗지피티도 윤리와 감정 그리고 공감 능력 등 객관화할 수 없는 측면의 인간적 특징이라는 점에서는 아직 부족하다. 그런데도 다른 사람과의 갈등을 회피하려고, 논쟁하기가 싫어서 의견 나누기를 거부하고 챗지피티와 같은 AI와만 의견을 나누면 제한된 대상과의 커뮤니케이션이 지니는 여러 문제가 생길 수 있다.

SNS에서 사회적 주도 알고리즘에 의존해 뉴스를 소비하는 이들은 주로 온라인에서 정보를 소비하고 타인과 교류하는 등 관여 행동을 하는 사람들이기 때문에, 정치 참여도 온라인 공간에 한정해 이뤄진다(정일권, 2012).

이런 맥락에서 보면, AI와만 의견 교류를 하는 사람들이 다른 사회 성원과의 의견 교류를 소홀히 한 결과로 사회적 의견 소통이 줄어들 것으로 예상할 수 있다. 여론을 형성할 수 있는 기반이 무너지는 것이다. 서로의 차이를 이해하고 차이를 좁히려고 시도할 기회가 없어지는 것이다. 그런데도 AI를 통해 지지를 확보한 개인은 자기 의견에 대한 확신이 높아진다. 결국 의견의 편향성이 심화하고 사회적 극화의 길로 가게 된다.

사회적 고립

사람은 문명이 발달하기 전부터 모여 살았고, 가족 공동체와 마을 공동체는 자연스럽게 형성되었다. 이런 집단생활을 통해 사람은 서로를 모방하면서 배우고, 지식을 전수하고, 협력적 생산 활동과 외부자로부터의 위협에 대항력을 키울 수 있었다. 즉, 함께 모여 살았기에 생존 가능성을 높일 수 있었다.

산업 사회에서는 생활의 모든 영역이 분화되면서 공동체의 규모가 커지고 집단과 집단의 상호 의존성이 강해졌다. 마을 단위는 물론이고 국가 단위의 연결 또한 증대되었고, 교통수단, 정보 통신 기술 등의 발달은 상호작용을 촉진했고 연결망은 확대되었다. 더 많은 사람과의 상호 의존을 통해 자기 발전을 이뤘다. 이 과정에서 자연스럽게 주변인 그리고 주변 집단의 중요성을 인식하게 되었다.

AI를 통해 많은 것을 혼자서 할 수 있다는 것을 달리 해석하면, 많은 사람이 상호 의존 관계를 벗어날 수 있다는 의미다. 다른 사람에게 기댈 필요도, 기대는 다른 사람의 무게를 감내할 필요도 없어진다는 것이다. 더불어 사는 것이 아니라 혼자 사는 것이다. 〈캐스트 어웨이(Cast away)〉(2000)라는 영화에서 주인공 척(톰 행크스 분)이 윌슨(Wilson)이라고 이름 붙인 배구공과 대화하듯이 앞으로 AI와 대화하며 살지도 모른다. 영화 속 주인공 척보다 나은 것은 크게 부족한 것 없고 생존에 위협을 안 느낀다는 점이다.

AI에 대한 과도한 의존은 사회로부터 자신을 고립시킨다. 개인화된 AI 이용으로 자신이 몰두하는 것 이외에 새로운 정보를 바라보는 관점과 시각이 좁아져 다른 정보망과 사회관계를 유지할 수 없게 된다. 다른 사람과 상호 의존하지 않는 삶이 편할지는 모르지만, 행복할 것 같진 않다. 그리고 그 편리함도 시간이 지나면 불편함으로 변할 수 있다.

사회자본

사회자본은 재화 · 소득과 같은 형태가 있는 물적 자본이나 교육 수준과 같은 인간 자본처럼 개인 내부에 체화된 게 아니라 '관계'에서 발생한다. 이런 이유로 사회학자 퍼트넘(Putnam, 1995)은 사회자본을 서로에게 이익이 되고 협력을 쉽게 하는 네트워크나 규범, 신뢰와 같은 사회 조직화의 특성으로 설명한다.

사회자본의 쓰임새는 개인 수준과 사회 수준에서 달리 논의할 수 있는데 여기서는 개인 수준에 한정해서 AI와의 관계를 살펴보고자 한다. 개인 수준에서 사회자본은 사회적 지지로 인한 정서적 효과와 자원 · 정보 등의 도구적 효과로 요약할 수 있다. 도구적 효과는 사회적 관계를 통해 다른 사람이 가진 자원을 동원하는 것인데, AI는 이 유형의 자본만 제공한다. 즉, AI에 대한 의존이 기존의 사회적 관계를 축소한다면 개인이 동원할 수 있는 정서적 자원이 줄어들게 된다. 그래서 AI와 더불어 사는 삶은 외롭다.

AI와 보내는 시간과 대화가 많으면 많을수록, 다른 사람과 보낼 시간과 대화는 줄어든다. 일정 수준은 둘 다 증가할 수도 있지만 임계점을 넘어서는 순간 다른 한쪽을 포기해야 한다. 그런데 사람과 사람의 관계는 갈등과

긴장이 함께한다. 반면에 AI는 늘 내 편이 되어 준다. 시간이 모자라 둘 중 하나를 선택할 때 AI가 아니라 사람을 선택하는 이가 얼마나 될까? 이런 이유에서 AI가 보편화될 미래 사회의 사회자본이 줄어들 것을 걱정하게 된다.

사회자본의 축소는 여론의 질을 하락시킨다. 상호 작용의 규모가 줄어들고 상호 작용의 수준이 내밀하지 않고 피상적으로 되기 때문이다. 또한 여론이 구체적인 행동을 끌어내는 힘도 줄어들 것이다. 공동 행동은 상호 간의 신뢰를 바탕으로 하는데, AI에 의존하는 삶에서는 이런 신뢰를 쌓을 수 있는 네트워크가 형성되지 않고 공통으로 경험할 수 있는 상호 작용의 기회가 줄어들기 때문이다. 개인 수준의 효과인 신뢰와 규범은 사회의 지속 성장을 위해 중요하다. 그러나 사람과 사물의 관계에서 사회자본은 다른 세상 이야기다.

참고문헌

오주현(2021). 정보사회에서 인간의 연결과 고립. 배영·최항섭 외(편), 『지능 정보사회의 이해』(90-109쪽). 서울: 나남.

정일권(2012). SNS를 통한 정치 참여. 한국언론학회(편). 『정치적 소통과 SNS』(107-132쪽). 서울: 나남.

Putnam, R. D.(1995). Bowling alone: America's Declining social capital. *Journal of democracy*, 6(1), pp.65-78.

08
캠페인 활동가로서의 AI

캠페인은 특정 목표를 달성하기 위한 계획적이고 조직적인 커뮤니케이션 활동이다. 캠페인의 여론과 밀접하게 연관되는데, 캠페인을 통해 우호적인 여론을 형성할 수도 있고 여론에 따라 캠페인 전략을 바꾸기도 한다. AI를 활용해 공공 캠페인이나 선거 캠페인 계획을 세워 원하는 방향으로 여론을 유도하는 시도를 해 볼 수 있다. 이 과정에서 AI를 어떻게 활용할 수 있는지에 관해 네 가지 방법을 제안한다.

캠페인과 여론

캠페인은 특정 목표를 달성하기 위해 계획된 일련의 조직적인 전략 커뮤니케이션 활동이며, 대상자의 인식, 태도, 또는 행동 변화를 추구한다. 예를 들어, '조손 가정 자녀 돕기'와 같은 공공 캠페인은 우리나라 사람 전체가 대상인 캠페인이고, '선거 캠페인'은 유권자만을 대상으로 한다.

캠페인과 여론은 서로 영향을 주고받는다. 캠페인은 정보를 제공해 특정 쟁점에 관한 대중과 미디어의 관심을 높여 여론 형성의 실마리를 제공한다. 그리고 쟁점에 대한 개인의 인식과 태도를 바꿔 개인의 의견에 영향을 미친다. 캠페인은 특정한 행동을 유도할 때가 많은데 이때는 여론의 지지가 필요하다. 따라서 특정한 방향으로 여론을 유도하는 과정이 캠페인의 필수 요인이다. 예를 들어, '미투(Me Too)' 캠페인은 성희롱 및 성폭력에 대한 인식을 변화시켰고, 사회 전반에 걸쳐 관련 법률 및 정책의 변화를 촉진했다.

여론은 캠페인의 성패를 결정하는 핵심 요소다. 여론은 캠페인의 효과에 대한 직접적인 피드백을 제공하기에 캠페인 기획자는 여론의 동향을 살피며 구체적인 전략을 수정한다. 또한, 여론은 쟁점에 대한 대중의 반응을 나타내기에 어떤 쟁점에 집중할지를 결정하는 데 도움이 된다. 예를 들어, 선거 캠페인 전략가는 여론 조사 등을 통해 여론의 흐름을 확인한 후, 어떤 공약을 강조할지 혹은 어떤 공약을 철회할지와 지지 후보의 어떤 측면을 강조하고 상대 후보의 어떤 약점을 공략할지를 결정한다.

선거 캠페인 보도에 대한 불만

캠페인 메시지는 여러 경로를 통해 목표 대상에게 전달되는데 선거 캠페인은 미디어에 의존하는 정도가 다른 캠페인에 비해 높다. 그런데 레거시 미디어를 통한 선거 캠페인 활동에 대한 평가는 긍정적이지 않다.

선거 관련 메시지가 마치 경마 경기를 중계하듯이 후보자 간 우열에만 초점을 맞추고 전략, 전술, 여론 조사 결과, 그리고 선거에 이기기 위한 후보자들의 입장을 중심으로 보도하면서 특정한 정파에 기우는 편향성을 드러내기 때문이다(권혁남 · 김춘식, 2005). 정책이나 정치 문제를 정책 내용 그 자체 또는 정책 진행 과정이나 결과가 아닌 정치인의 의도나 동기에 초점을 맞추어 설명하는 이러한 보도 방식은 유권자로 하여금 정치인들은 시민이나 공공의 이익을 위해서가 아니라 정치권력을 얻기 위해 행동하는 존재라고 인식하게 만든다. 이런 이유로, 메시지를 접하면서 오히려 유권자들이 투표를 포함한 정치 참여를 주저하게 되기도 한다(Cappella & Jamieson, 1997).

대안 미디어 탐색

레거시 미디어의 선거 캠페인 보도에 대한 실망은 대안 미디어의 탐색으로 이어졌다. 때마침 인터넷과 유튜브, 소셜 미디어 등 디지털 기반 미디어가 등장했다. 디지털 미디어는 텍스트 중심의 콘텐츠를 동영상 위주로 바꾸었고, 전문 직업인 기자 외 일반인을 콘텐츠 생산자에 포섭했다. 이 과정에서 뉴스의 형식이 다양해지면서 무엇이 기사고 무엇이 기사가 아닌지, 또 누가 기자고 누가 기자가 아닌지에 대한 경계가 무너졌다.

새로운 미디어의 등장은 캠페인 전략의 변화로 이어졌다. 후보자는 인터넷과 소셜 미디어 등의 디지털 기술 기반 미디어에서 유권자를 직접 만나거나 직접 메시지를 전달하는 방법을 채택하는 때가 늘어났다. 유권자는 레거시 미디어의 경계를 넘어 소셜 미디어, 개인 미디어, 정치 블로그 등 더 다양한 플랫폼에서 선거 캠페인 메시지를 접하게 되었다.

캠페인에서 AI 활용법

소셜 미디어가 레거시 미디어의 대안으로 캠페인의 주요 채널이 된 것처럼 AI가 소셜 미디어의 대안이 될 수 있을까? 레거시 미디어 또는 소셜 미디어를 완전히 대체할지는 알 수 없지만 최소한 다음의 4개 부분에서는 AI 활용이 늘어날 것으로 예상된다.

첫째, 캠페인의 효과를 판단할 수 있는 근거 자료 수집 측면에서 AI는 성능이 우월하다. 예를 들어, 구글 트렌드(Google Trends)는 전 세계 사용자들이 구글 검색에서 입력한 특정 키워드의 검색 빈도와 인기도를 시간, 지역, 언어 등 다양한 기준으로 분석하고 시각화하는 서비스다. 이를 통해 사용자들은 특정 키워드에 대한 관심도 변화와 패턴을 파악할 수 있는데, 이를 이용해 진행하고 있는 캠페인에 대한 관심도를 확인할 수 있고, 여론이 어떤 쪽으로 쏠리는지, 그리고 선거에서 누가 유리한지 등을 판단할 수 있다.

둘째, AI로 캠페인 콘텐츠 이용 행위를 분석해 이용자가 이해하는 데 어려움을 겪은 내용을 특정하고 추가 설명 정보를 제공할 수 있다. 주제에 관심이 많고 관여도가 높더라도 메시지를 처리할 능력이 없으면 캠페인 참여로 이어지지 않는다. 같은 맥락에서 관련 지식이 많을수록 참여 가능성이 높아진다.

셋째, AI는 목표 대상을 특정하는 데 도움을 준다. 대화형 AI 이용자는 능동적이다. 이들은 전달받은 정보의 필요성을 판단하기보다는 자신이 필요로 하는 정보를 스스로 찾는 방식으로 정보를 소비한다. 따라서 이들의 이용 행위를 분석하면 어떤 정보를 누구에게 전달할 것인지를 결정할 수 있다. 이 판단을 위한 자료는 AI를 활용해 수집할 수 있다.

넷째, 팩트 체크를 통해서 적절한 대응 전략을 적시에 세울 수 있다(이완수, 2024). 세계 여러 곳에서 AI가 팩트 체크에 이용되고 있다. 콜롬비아의 탐사 보도 전문 웹사이트 라시라 바시아(La Silla Vacia)는 2021년 AI 체크봇(Chequebot)을 이용한 자동 팩트 체크를 시작했다. 아르헨티나의 팩트 체킹 기관 체케아도(Chequeado)에서 개발한 체케아봇(Chequeabot)은 정치인들의 새로운 발언을 과거에 나온 내용과 비교해서 사실 여부를 판단한다. 스페인 마디타닷에스(Madita.es)는 미디어 콘텐츠의 팩트 체크 플랫폼으로, AI를 활용해 거짓 정보와 허위 뉴스를 걸러낸다.

AI 팩트 체크 기능을 활용해 캠페인 전략가는 잘못된 적대적 정보에 대해 적시에 대응할 수 있다. 또한 선거 캠페인에서는 상대방 후보의 허위 주장이나 과장된 표현을 찾아내서 부정적(negative) 캠페인 전략에 활용할 수 있다.

캠페인 전략가의 미래

AI의 도움을 받아 전문적 지식이 없는 사람이 캠페인을 기획하고 운영하며 상대 진영에 맞대응할 힘을 지니게 된다면 캠페인 전략가의 수요가 줄어들 것이다. AI 이용이 보편화되면 많은 사람이 직업을 잃게 될 것이라고 예상하는데, 여론 또는 캠페인 분야의 전문가들이 그 희생양이 될 가능성이 있다.

일부 작업은 AI에 의해 대체될 것이고, 따라서 누군가는 직장을 잃게 될 것이다. 그러나 실업자에게는 재교육의 기회가 주어질 것이고 이후에 이들이 어떤 직장에서 어떤 일을 하게 될지는 아직은 전망하기 힘들다. 다만, 미래 사회의 직장과 직업은 지금 존재하는 형태는 아닐 것이다. 그런 변화가 인류의 행복에 도움이 될지 반대로 불행을 가져올지는 알 수 없다.

일반인이 AI의 도움을 받는다고 해서 전문가 수준이 되기는 쉽지 않다. 그런데도 그럴 것이라는 착각에 빠지는 사람이 있을 것으로 예상한다. 이들은 자신이 실제로 알고 있는 것보다 더 많이 알고, 할 수 없는 일을 할 수 있다고 판단한다. 더닝 크루거 효과(Dunning-Kruger Effect)가 발생하는 것이다.

캠페인 전략가, 스핀 닥터(spin-doctor), 여론 선도자가 주도해 형성하는 여론 과정의 단점은 구성원의 자율성을 제한하는 것이다. 이들에게 의존하지 않고 개인이 AI의 도움을 받아 스스로 배우고 판단해 여론을 교류한다면 아예 사회적 합의에 이르지 못하는 일이 생길 수 있다. 물론, AI가 더 똑똑해지면 사람이 아니라 AI가 결정하는 여론이 만들어질 수도 있다.

참고문헌

권혁남·김춘식(2005). 제17대 총선 유권자의 미디어 이용행태 및 평가. 권혁남·김춘식·양승찬·이강형(편). 『미디어와 유권자』 (22-94쪽). 서울: 커뮤니케이션북스.

이완수(2024). AI 페이크 뉴스. 한국언론학회 저널리즘연구회(편). 『AI 시대 저널리즘 미리보기』(251-277쪽). 서울: 한울아카데미.

Cappella, J. N., & Jamieson, K. H.(1997). *Spiral of cynicism: The press and the public good.* New York: Oxford University Press.

Shirky, C. (2008) *Here comes everybody: The power of organizing without organizations.* New York: The Penguin Press.

09
선거 훼방자로서의 AI

민주주의 체제에서 선거는 가장 중요한 정치 행사다. AI는 선거 캠페인에 활용될 수 있고 다른 미디어 이용에 비해 우월한 장점이 있다. 그러나 다음의 세 가지 특징으로 인해 오히려 선거 과정과 합리적인 판단을 방해할 가능성도 있다. 첫째, 유권자의 편향적 성향을 강화한다. 둘째, 더 정밀하게 다듬은 가짜 정보를 제공해서 합리적 판단을 가로막는다. 셋째, 환각이라 불리는 '헛소리'를 내놓을 때가 있는데, 이는 정치를 희화해서 정치 냉소주의를 불러일으킨다.

편향 강화: 맞춤형 정보의 문제

선거 때면 콘텐츠를 제공하는 모든 미디어와 특정 진영을 옹호 또는 반대하는 모든 이들이 편향을 이유로 비난받는다. 편향을 부정적으로 평가하는 것은 합리적인 판단을 방해하기 때문이다. 유권자에게 제공되는 정보가 편향적이거나 정보의 분석과 해석이 편향적이면 투표를 특정 방향으로 유도하게 되고 결과적으로 선거 여론이 제대로 반영되지 않은 결과가 나온다.

AI는 방대한 자료를 집대성하고 이를 분석해서 정리된 정보를 제공하기에 편향을 완화하는 데 도움이 될까? 결론은 아니다. 실제로 편향적이지 않더라도 이를 판단하는 사람의 기준이 이미 편향되었기에 편향되었다고 판단할 것이다. 그러나 이보다 더 문제가 되는 것은 AI가 제공하는 정보가 기존의 편향을 강화하는 데 사용될 가능성이 크다는 점이다.

AI는 알고리즘에 따라 이용자의 관심과 신념에 부합하는 맞춤형 정보를 주로 제공하고 그렇지 않은 정보는 상대적으로 적게 제공한다(손영준, 2024). 또, AI 이용자는 자기 의견을 지지하는 단서는 자주 접하게 되고 반대하는 단서는 덜 자주 접하게 된다.

이 결과로 자기 의견에 대한 사회적 지지를 과다 예상

하게 된다. AI 이용의 결과가 여론 현실 오지각이 된 셈이다. 서로 다른 의견을 지닌 사람이 각자 사회적 지지를 더 받고 있다고 생각하면 확증 편향(confirmation bias)이 생기고 이런 사람이 늘어나면 사회적 양극화가 일어난다.

중립적인 의견을 요청했음에도 AI는 학습된 데이터에 따라 편견이 반영된 응답을 생성하기도 한다. 마이크로소프트의 AI 테이는 2016년 3월에 "나는 페미니스트가 싫다"와 같은 차별 발언을 했다. 이는 테이가 반페미니즘 성향 이용자 집단의 편향된 발언을 많이 학습해 이들이 지닌 편견을 그대로 답습한 결과다. AI는 자기가 제공한 정보가 왜 차별적인지를 이해하지 못한다. 따라서 죄책감도 없다. 그런데 인간이 이런 AI의 답을 근거로 자기의 편향을 강화할 수 있다. AI가 없었으면 느꼈을 죄책감을 버릴 수 있게 된 것이다.

가짜 정보의 정밀화

정보는 정확성, 필요성, 그리고 희소성에 따라 가치가 달라진다. 이 중에서 필요성과 희소성은 개인차가 크다. 각자 처한 상황과 원하는 바와 판단 기준이 다르기 때문이다. 이에 반해 정확성은 개인별 차이가 크지 않기에 흔히 사회적 판단이 이뤄진다. 정확하지 않은 정보는 누구에게나 도움이 되지 않을 뿐더러 때로는 해가 된다. 가짜 뉴스(fake news) 또는 거짓 정보(fake information)에 대한 비난도 이런 정보가 개인을 넘어 사회적으로 해가 되기 때문이다.

거짓 정보는 인터넷 환경에서 새롭게 나타난 정보의 형태는 아니지만 인터넷 기술 환경 탓에 그 폐해가 급격히 증가했기 때문에 인터넷으로 인한 새로운 현상으로 인식되었다. 인터넷이 등장하면서 가짜 뉴스라고 낙인찍히는 정보의 수가 급격하게 증가했고, 콘텐츠 제작 기술의 발달로 인해 형식적으로 '진짜' 정보와 구분하기가 어려워졌다. 그리고 이런 정보를 접하는 수용자의 수가 과거에 비해 너무 많고 전달 속도마저 빨라 사회적 피해가 증가했다.

선거 때는 특히 문제가 된다. 거짓 정보에 따라 당락이 결정되고, 나중에 거짓임이 밝혀지더라도 선거 결과가 뒤바뀌지는 않는다. 따라서 발생 즉시 거짓 정보를 걸러내야 한다. AI를 활용하면 이를 상대적으로 손쉽게 할 수 있다. 이미 많은 나라에서 AI를 통해 정보의 진위를 가리고 이를 유권자에게 알려 선거에 미치는 영향을 최소화하고 있다.

만약, AI를 거짓 정보를 가려내는 데 이용하지 않고 이를 생성하는 데 이용한다면 사람들은 이를 가려낼 수 있을까? 안타깝게도 이는 이미 벌어지고 있는 일이고 이전의 가짜 정보에 비해 훨씬 더 정밀해서 걸러내기가 어렵다. 게다가 텍스트뿐만 아니라 AI가 생성한 가짜 사진이나 동영상이 포함된 거짓 정보를 걸러내기는 불가능에 가깝다. '미국 국방성 인근 폭발 사진', '흰색 롱 패딩을 입은 프란치스코 교황의 사진'과 '도널드 트럼프 전 대통령이 경찰에 체포되는 사진'은 모두 AI의 딥페이크(deepfake) 기술을 이용해 만든 가짜 정보였지만 삽시간에 전 세계로 퍼져 나갔다.

걸러내지 못하면 거짓 정보는 인식, 태도, 의견, 나아가서는 투표와 같은 행동에 영향을 미친다. 잘못된 정보가 잘못된 여론으로 이어지거나 잘못된 투표로 이어지는 것이다. 그런데 이제 이런 정보를 생성하고 유통하는 데 탁월한 재능을 지닌 AI가 나타났다. AI가 학습하는 원자료가 거짓이라면 AI가 생성하는 정보도 가짜가 된다.

참과 거짓, 진짜와 가짜는 구분하기가 어려우며 사람은 객관적 근거가 아니라 전략적 선택에 따라 이를 판단한다. 자기가 평소에 접한 정보와 유사한 정보만 진실이라고 믿음으로써 자신의 판단을 스스로 정당화하려 한다(정일권, 2021). 선거에서도 마찬가지다. 자기가 지지하는 후보에 대한 긍정적인 정보는 무턱대고 진실로 받아들이고 그 반대는 근거 없이 배척할 가능성이 크다.

AI의 '헛소리'

AI는 훈련하는 원데이터가 거짓이 아니더라도 거짓 정보를 생성한다. 흔히, '환각'이라고 하지만 '헛소리'가 더 직관적으로 이 현상을 설명해 주는 용어다. 검색 사이트에서 질문 내용이 명확하지 않으면 검색 결과가 없다고 답하지만, 생성형 AI는 관용적으로 사용하는 자연어를 만들어 내는 데 능숙하므로 실제 결과와 상관없거나 절반 정도 정확도만 달성하더라도 매우 그럴듯해 보이게 '헛소리'를 한다.

기술적으로 보면, AI가 헛소리 즉 설득력 있는 거짓말을 하는 것은 딥러닝으로 데이터를 학습한 뒤 질문의 의도나 문맥, 배경을 완전히 이해하고 응답을 생성하는 것이 아니라, 확률적으로 가장 적합한 문장을 만들어 내기 때문이다. 응답에 필요한 자료가 부족하거나 질문이 명확하지 않을 때 AI가 가장 그럴듯하다고 믿는 답이 헛소리에 그치는 경우가 많다.

이런 헛소리가 선거에 영향을 미칠 수 있다. 2023년 미국의 한 변호사가 챗지피티에게 "성범죄 전력이 있는 미국의 법학자를 알려 달라"고 요구했더니 자신이 2018년 3월 학생들과 함께 알래스카 여행 도중 학생을 상대로 성범죄를 저질렀다는 매우 구체적인 답변을 허위로 작성했다. 그리고 근거를 들기 위해 허위로 ≪워싱턴포스트(Washington Post)≫ 기사까지 생성했다. 만약 이 정보가 유력 대선 후보자에 관한 것이었다면 어떤 일이 벌어졌을까? 진실과는 무관하게 그 후보는 정당 후보 선출 과정 또는 본선거 과정에서 중도 포기 압력을 받았을 것이다. 실제로 2023년 11월에는 일본 기시다 총리가 성적 발언을 하는 AI 딥페이크 영상이 유포되기도 했다.

정치 회의감

AI를 이용해 정치인에 대한 더 정교해진 가짜 정보 또는 AI의 환각이 만들어 내는 콘텐츠가 유포된다면 사람들은 정치인을 넘어 정치 자체에 대해 회의감을 가지게 될지도 모른다. 이미 50여 년 전에 로빈슨(Robinson, 1976)은 '부적절한 영상들(video malaise)'이란 개념을 사용하면서, 텔레비전 뉴스에서 강조되는 부정적 정보가 정치적 불신을 초래하고 투표율도 저하한다고 주장했다.

비교적 최근에는 사회자본에 관한 연구로 유명한 퍼

트만(Putnam, 2000)이 텔레비전이 시청자들의 공동체 관여 기회를 감소시키고, 나아가 정치 참여 의지를 약화한다고 주장하기도 했다. 머지않아 텔레비전의 오명을 AI가 이어받을지도 모르겠다. 만약 그렇게 된다면 비난은 텔레비전의 몇 배가 될 것이다. 그 피해가 50년 전과 비교할 수 없을 정도로 클 것이기 때문이다.

참고문헌

손영준(2024). AI 저널리즘의 정치철학적 함의. 한국언론학회 저널리즘연구회(편). 『AI 시대 저널리즘 미리보기』(61-78쪽). 서울: 한울아카데미.

정일권(2021). 가짜 뉴스와 팩트 체크. 배영·최항섭 외(편). 『지능정보사회의 이해』(214-235쪽). 서울: 나남.

Putnam, R. D.(1995). Bowling alone: America's Declining social capital. *Journal of democracy*, 6(1), pp.65-78.

Robinson M.(1976). Public affairs television and the growth of political malaise: The case of "The Selling the Pentagon". *American political science review*, 70, pp.409 – 432.

10
AI와 챗지피티맞이 준비

AI를 이용할 때는 기술적 한계를 인지하고 윤리적 의무를 준수해야 한다. 동시에 AI 의존이 의도하지 않게 가져올 폐해의 가능성에 주의해야 한다. 예상되는 폐해는 비판적 사고 능력 저하와 전문가 위상 하락에 따른 사회적 신뢰 상실이다. AI의 편리성 때문에 개인의 능력이나 더불어 사는 사회적 삶의 가치를 포기하는 우를 범하지 말아야 한다. AI와 챗지피티의 미래는 이미 시작되었다. 변화에 적응하기 위한 첫걸음은 실제로 이용해서 경험을 쌓는 것이다.

챗지피티의 기술적 한계와 이용자 윤리

지금까지 살펴본 것처럼 AI는 미래의 우리 삶을 편리하게 바꿀 것이고 우리는 지금은 할 수 없는 많은 일을 할 수 있게 될 것이다. 이 장에서는 여론의 형성과 변화 과정에서 AI가 보편적으로 사용될 때 예상되는 문제점을 챗지피티에 초점을 맞춰 설명한다.

우선 여론 영역에 한정하지 않고 AI 사용에 관해 공통으로 지적되는 문제점을 짚어 보자. AI와 함께 살아갈 미래에 대한 우려는 두 가지 측면에서 생각해 볼 수 있는데, 첫째는 AI의 기술적 한계고 두 번째는 이용자의 윤리 문제다(김수민 · 백선환, 2023).

우선 기술적인 부분부터 말하면, AI는 계속 발전하고 있는데 이는 완벽하지 않으며 허점이 여전히 있다는 의미로 받아들여야 한다. AI는 환각 현상에서 보듯 아직 오류나 실패를 보이고 있으므로 신뢰성의 측면에서 더 개선되어야 한다. 즉, AI가 제시한 답을 100% 사실로 받아들여서는 안 된다. 또한, 해킹 등으로 데이터 유출 가능성이 있다는 점도 유념해야 한다.

기술적인 측면에서 개선되어야 할 다른 문제는 적용 가능성을 확장하는 것이다. AI가 산출하는 정보는 과거 데이터만을 학습한 결과라 학습 데이터 이후에 변화가 크다면 현실 적용이나 미래 예측에는 적합하지 않다. 그리고 과거에 편향이 존재했다면 학습 데이터에 그런 내용이 담겨 있을 것이고, 따라서 AI는 불평등과 편향성을 재현하거나 확대할 수 있다는 점도 주의해야 한다.

기술적 문제가 AI와 직접 관련된다면 윤리적 문제는 AI 개발자와 이용자, 즉 사람과 관련된다. 개발자는 AI 시스템이 어떻게 작동하는지, 어떤 데이터를 사용하는지, 어떤 알고리즘을 사용하는지 등을 최대한 투명하게 공개해야 한다. '설명할 수 있는 AI' 개발에 더 노력해야 한다.

AI는 과거에 만들어진 데이터로 학습하기 때문에 원 데이터가 편향되면 AI가 제공하는 정보도 편향될 가능성이 크다. 개발자는 이 점을 유념해 AI가 편향되거나 차별적인 결정을 내리지 않도록 학습 데이터와 알고리즘의 선정에 신중해야 한다.

AI 개발자는 AI 이용에 특정 집단이 소외되지 않도록 포용적 알고리즘을 만들어야 한다. AI가 모든 사람에게 평등하게 이익을 줄 수 있도록 보장해야 하며, AI의 행동에 대한 책임은 최종적으로 개발자나 운영자에게 있다는 책임감을 지녀야 한다. 예를 들어, 자율 주행 자동차가 사고를 낼 경우 그 책임을 누가 져야 할지에 대한 명확한 기준을 마련해야 하는데, 만약 이런 기준을 제시하지 못한다면 개발자 자신이 책임을 지겠다는 생각을 가져야 한다.

이용자는 AI를 악의적이거나 비윤리적으로 사용하지 않아야 한다. 예를 들어, 감시용 AI를 사용해 개인 정보를 침해하거나, AI를 사용해 가짜 정보나 스팸을 대량 생성해서 배포해서는 안 된다. 그리고 AI의 환각 현상을 줄이기 위해 명확하고 구체적으로 질문할 수 있는 능력을 갖춰야 한다. 다음으로 AI를 사용하는 과정에서 수집되는 개인 정보를 적절하게 보호하고, 불필요한 개인 정보 수집을 최소화해야 한다.

비판적 사고 능력 저하

여론 영역에서 AI를 사용할 때 가장 우려되는 점은 개인의 비판적 사고 능력 저하다. 요즘은 중요한 내용을 죄다 스마트폰에 기록하고 외우지 않으니, 스마트폰을 잃어버리면 아무것도 할 수 없다. 길을 잃은 상황에서 공중전화를 발견하고도 기억하는 전화번호가 없어서 112에 전화할 수밖에 없다.

사회적으로 중요한 일을 결정할 때 스스로 결정하지 못하고 AI에 물어야만 답할 수 있게 될지도 모른다. 스스로 판단할 수 없는 사람이 여론의 주체인 공중이 될 수 있을까? AI 없이도 이성적으로 사고하고 적극적으로 정보를 수집 · 분석해 합리적인 판단을 내리는 독립적인 개인이 될 수 있을까?

개인 사이에 자유로운 지식과 정보가 상호 교환되는 환경에서 집단 지성이 발현되고 이의 확산과 창발 효과가 생긴다(Levy, 1999). 누군가 AI를 제어하게 된다면 그는 AI를 통해 여론을 통한 독재를 할 수도 있지 않을까? 한나 아렌트(Arendt, 1963/2006)는 그의 저서 『예루살렘의 아이히만(Eichmann in Jerusalem)』에서 사회적 악의 근원은 '생각 없음'에 있다고 지적했다. 아렌트가 지적한 '악의 평범성'은 사람들이 나치의 부역자 아이히만처럼 스스로 생각하지 않고 복종하면서 반성적 성찰이나 비판을 제대로 하지 않는 사회에 살기 때문에 생긴다. AI에 대한 의존이 개인의 능력을 떨어뜨려 사람이 AI에 종속되는 삶을 살게 된다면 수많은 아히히만이 나타날지도 모른다. AI 덕분에 '편리한 전체주의 사회'에서 살게 된다면 과연 인간은 행복할까?

전문인 위상 하락

AI의 도움을 받으면 이용자는 준전문가가 된다. 의학,

교육, 경찰, 환경 감시, 여론 전략, 공공 캠페인과 같은 영역에서 전문가에게 의존하지 않아도 된다. 예를 들어, AI를 이용해서 혼자서 캠페인 계획을 세울 수 있고, 전문 지식을 수집해 분석할 수 있으며, 전문가인 양 자기 의견을 표현할 수 있고, 이 의견을 텍스트로 작성해 소셜 미디어 등 디지털 플랫폼에 게시할 수도 있다. 상대방 의견의 허점을 찾아 논리적으로 비판해 의견 논쟁에서 유리한 위치를 점할 수도 있다. 그런데 이처럼 일반인이 준전문가가 되어 스스로 할 수 있는 일이 많아지면 이에 따라 치러야 할 대가가 따르기 마련이다. 사회 전반의 신뢰 하락이 그것이다.

전통적으로 지식은 전문가를 중심으로 창출되고 분배됐는데 AI가 이런 기존 체계를 붕괴시킬 수 있다. 오랜 기간 유효한 정보나 지식의 생성자이자 제공자로서 독점적 지위를 유지해 온 언론인, 교수, 연구자, 과학자, 법조인, 의사 등 다양한 전문가 집단의 설 자리가 줄어드는 것은 디지털 생태계 도래 이후 전 세계적 현상이다(이명진, 2021).

AI가 전문가에 대한 신뢰와 그들의 사회적 입지 하락을 촉진할 가능성이 크다. 여론 분야에 한정하면, 여론 선도자, 여론 전략가, 스핀 닥터, 캠페인 기획자의 위상

이 하락한다. 전문가는 공적·제도적 신뢰를 담당하는 만큼 이들이 신뢰를 잃게 되면 결국 제도 집행에 대한 신뢰 또한 떨어지게 되고 나아가 사회 전반에 대한 신뢰도가 낮아진다. AI를 통해 얻은 편리함의 비용으로 사회적 신뢰 하락을 지출해야 할 수도 있다.

맺음말

몇 가지 염려되는 점을 지적하기는 했지만, 다가오는 AI와 챗지피티 시대를 거스를 수는 없다. 챗지피티는 디지털 공간의 수백만 권에 이르는 책과 기사를 읽고서 학습했다. 이렇게 학습한 내용을 무상 또는 싼 비용만 받고 이용자에게 친절하게 나눠 준다. 우리가 챗지피티에 큰 도움을 받게 될 것임은 분명하다.

이런 상황에서 우리가 해야 할 일은 챗지피티와 잘 어울려 살 수 있도록 준비하는 것이다. 우선, 챗지피티와 인공지능에 대한 지식을 얻기 위해 도전해 보라. 그리고 실제로 챗지피티를 가지고 놀아보라. 놀이에 익숙해지면 다음은 실제로 문제 해결에 챗지피티를 이용해 보라. 이 과정에서 놀라움과 함께 당혹감도 느끼게 될 것이다. 그다음은 당혹감을 떨치기 위해 더 잘 이용해 보려는 의욕이 생길 것이다. 그리고 이용 과정에서 부딪히는 몇 가지 문제를 스스로 해결하는 방법을 찾게 될 것이다. 미래는 새로운 도구를 더 잘 이용하는 사람에게 더 많은 기회를 제공한다.

참고문헌

김수민·백선환(2023). 『챗GPT 거대한 전환』. 서울: 알에이치코리아.

이명진(2021). 집단 지성과 전문가 권의의 변화. 배영·최항섭 외(편). 『지능 정보사회의 이해』(193-213쪽). 서울: 나남.

Arendt, H.(1963). *Eichmann in Jerusalem.* 김선욱 옮김(2006). 『예루살렘의 아이히만: 악의 평범성에 대한 보고서』. 서울: 한길사.

Levy, P.(1999). *Collective intelligence.* Basic Books.

정일권

광운대학교 미디어커뮤니케이션학부 교수로 현재 사이버커뮤니케이션학회 회장을 맡고 있다. 한국언론학회·한국방송학회·사이버커뮤니케이션학회·정보사회학회의 이사, 미디어 경영학회 감사와 한국연구재단 등재지 ≪정보사회와 미디어≫ 편집위원장을 역임했다. 연세대학교 사회학과를 졸업하고 오하이오주립대학교에서 저널리즘과 커뮤니케이션으로 각각 석사와 박사학위를 취득했다. 저서(공저)로 『SNS혁명의 신화와 실제: '토크, 플레이, 러브'의 진화』(2011), 편저로 『SNS를 통한 정치참여』(2012), 『디지털 미디어 리터러시』(2018), 『지능정보사회의 이해』(2021), 『정치뉴스 리터러시』(2024) 등이 있다. 정치커뮤니케이션, 미디어와 여론, 인터넷과 소셜 미디어, 미디어 리터러시, 디지털 저널리즘이 주요 연구 분야다.